铁路基础设施检测技术丛书

编委会

序

2024年是中华人民共和国成立75周年，是实现“十四五”规划目标任务的关键一年，也是铁路加快推进“六个现代化体系”建设的重要一年。中国国家铁路集团有限公司党组提出要以全面深化改革创新为动力，以加快构建“六个现代化体系”为载体，奋力推动铁路高质量发展、率先实现铁路现代化取得新成效，勇当服务和支撑中国式现代化的“火车头”，为以中国式现代化全面推进强国建设、民族复兴伟业贡献铁路力量。贯彻落实加快构建“六个现代化体系”对铁路基础设施检测保障运营安全的能力提出了更高要求。

随着“八纵八横”高铁网逐步建成，高速铁路运营大修改造窗口期即将到来，“开展时速350公里线路等速检测，拓展普铁周期性综合检测范围，加大跨局检测组织力度，将高温、高寒时段加密检测纳入年度计划，提高动态检测覆盖率、均衡度”已成为加快构建现代化养护维修体系的有效举措之一。

到2035年我国铁路网规模将达20万公里左右，其中高铁7万公里，如何保障大规模路网的安全运营和科学经济的养护维修，也成为未来关注的重点。用机器替代人工，动态替代静态，智能替代经验，精准状态评价替代服役年限评价，是铁路基础设施检测工作未来发展的趋势。

目前我国已成功研制并应用高速综合检测列车、综合巡检车、专业检查车和运营列车在线检测等多种基础设施检测检测移动装备，为我国铁路运营前联动测试安全评估和运营后日常动态检测养护维修提供了重要手段。

“铁路基础设施检测技术”书涵盖铁路基础设施动态检测多个专业，深入浅出，内容详实，有助于相关人员从多个维度、多个视角系统深入理解动态检测的技术要点，对确保高速列车运行的平稳安全和高速铁路养护维修的长远发展意义重大，社会效益显著。

2024 年 10 月

前　言

铁路通信是为组织铁路运输、指挥列车运行和铁路业务联络而迅速、准确地传输各种信息的专用通信设备和通信业务的总称，通信检测是全面掌握铁路通信设备状态、保障通信质量、指导设备维修的重要手段。本书针对广大铁路通信检测从业人员而编著，介绍了通信检测的基本知识和技术方法，以当前我国主流通信检测设备为对象，兼顾高速综合检测列车和电务检测车的通信检测设备。

本书共3章。第1章介绍铁路无线通信专业基础知识，包括450 MHz无线列调系统和GSM-R无线通信系统；第2章介绍通信检测系统，包括系统检测项目及原理、系统架构、软硬件组成以及系统标定、常见设备故障及处理方法；第3章介绍通信检测作业的相关方法、流程及通信缺陷的识别方法。

本书由“铁路基础设施检测技术丛书”编委会编著。各章编著人员如下：杨树忠、李润雷（第1章），韩东良（第2章），刘晓亮、张玉峥（第3章）。参与编著的人员还有段贺辉、邹帆、夏博光、酒昀洋等。

由于编著者水平有限，书中难免错漏之处，恳请读者批评指正。

编著者

2024年6月

目　录

第 1 章　铁路无线通信

第 2 章 通信检测系统

第 3 章 通信检测作业

第1章 铁路无线通信

铁路通信是为组织铁路运输、指挥列车运行和铁路业务联络而迅速、准确地传输各种信息的专用通信系统的总称。铁路通信按传输方式可分为有线通信和无线通信两大类，按服务区域可分为长途通信、地区通信、区段通信和站内通信等，按业务性质不同可分为公用通信、专用通信、数据传输和多媒体通信等。铁路专用通信一般是指专门用于组织、指挥铁路运输及生产的通信设备。这些设备专用于某一目的，接通一些指定用户，一般不与公务通信的电报、电话网连接。目前我国在用的铁路无线通信系统主要包括450 MHz无线列调系统和GSM-R无线通信系统。

1.1 450 MHz无线列调系统

列车无线调度通信系统，简称无线列调，是以铁路运输调度为目的，通过无线电波实现列车与调度指挥中心之间或列车与列车之间通信的系统。无线列调是重要的铁路行车通信设备，是列车行车“三大件”之一，在保证列车正点运行、降低机车能耗、提高通过能力、通告险情、防止事故、救援抢险等方面都具有重要的作用。

无线列调的主要功能为：（1）话音功能：实现调度台、车站电台、机车电台间相互话音通信；实现车站电台、机车电台、便携电台间相互话音通信。（2）数据承载功能：承载车次号校核、调度命令、列车尾部风压数据信息。

无线列调由调度台、调度总机、车站电台、机车电台、便携电台、区间中继设备、漏泄同轴电缆、有线通道和专用维护设备等构成。系统构成如图1-1所示。

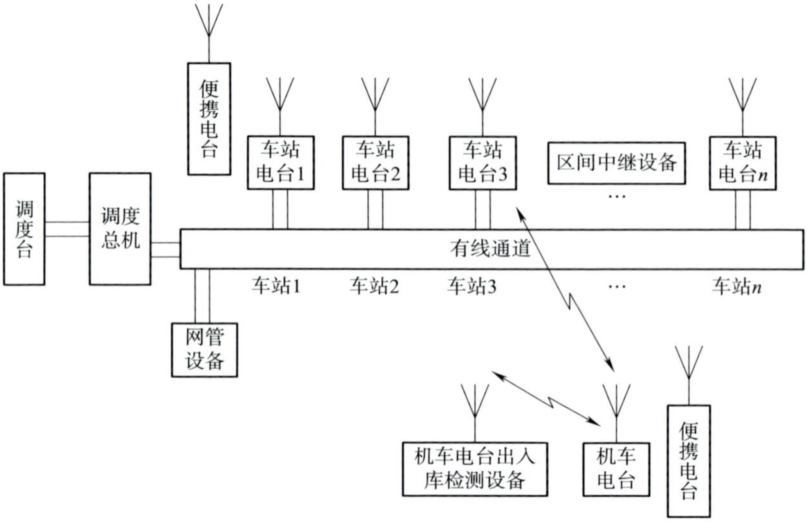

图 1-1　列车无线调度通信系统构成示意

目前，铁路无线列调系统为四频制无线列调系统，由四个基本频点组成，即f_1、f_2、f_3、f_4；其中f_1、f_2、f_3为双工收发频率，f_4为单工收发频率。无线列调通信系统工作频段为457.200~458.625 MHz/467.200~468.625 MHz。调度通信时，车站电台发射f_1、f_2、f_3，机车电台扫描接收f_1、f_2、f_3，机车电台发射f_4，车站电台接收f_4；车站与机车异频通信时，车站电台发射f_1、f_2、f_3或固定发射f_2，机车电台扫描接收f_1、f_2、f_3，机车电台发射f_4，车站电台接收f_4；车站与机车同频通信时：车站电台与机车电台接收和发射均为f_4；便携电台扫描接收频组内的频率f_1、f_2、f_3、f_4或手动选定接收频率，发射为f_4。无线车次号校核数据传送、机车电台出入库检测和场强覆盖测试应配置使用专用工作频率。

1.1.1　车站电台

车站电台包括电台主机（含信道机、控制单元、电源单元、有线无线转接单元、无线车次号校核接收解码单元、调度命令转接单元、检测单元等）、控制盒[含送（受）话器]及控制电缆、天线及馈线、电源电缆等。

车站电台的功能包括：（1）自动转接机车电台、调度台间通话，并可监听、加入通话；（2）自动转接移动电台间通话；（3）与调度台通话；（4）受调度总机控制，或由机车电台导频信号、预启动信号控制，开启射频信道并连接有线通道；（5）受场强测试启动信号控制持续发射载波信号，在一定范围内形成场强覆盖；（6）无线车次号接收、解码、传送和调度命令信息转接；（7）数据业务信息的记录；（8）本地及远程状态检测、参数设置等。

在进行无线场强覆盖测试时，车站电台在无线信道（f_4）或有线信道接到与本站ID相同的配合场强测试控制命令后，根据测试命令利用非工作频点持续发射载波信号，发射时间不小于30 min。当2个车站距离较远时，可根据实际需要在2个车站电台间增加1台或多台区间设备，以实现车站电台射频信号的放大，提升场强覆盖的范围和强度，以确保能够满足机车与车站及调度指挥中心的正常通话需求。

1.1.2 区间设备

区间中继设备实现对射频信号的放大、延伸车站电台场强覆盖范围，包括光纤直放中继站、射频直放中继站、互控中继台和无线中继台。

（1）光纤直放中继站包括近端机（含监控单元）、远端机（含监控单元）、射频耦合器和电源单元。

（2）射频直放中继站包括射频直放中继器Ⅰ型、Ⅱ型和电源。

（3）互控中继台包括主控单元、电台单元、无线数传单元、数据接口单元、电源单元、蓄电池及天馈线等。

（4）无线中继台包括无线中继台首台、尾台和电源。

1.1.3 机车综合无线通信设备CIR

CIR是新一代的无线列调通信系统机车电台，可用于铁路上的GSM-R和450 MHz无线列调系统为机车和地面之间提供语音和数据的传输通道。机车综合无线通信设备配备了全球卫星定位系统（GPS），利用卫星对机车位置进行实时定位，可向机车上的其他用户提供GPS原始信息、共用GPS位置信息等，方便司机与调度和车站进行通信。

CIR由主机、MMI、送（受）话器、打印终端、扬声器、机车数据采集编码器（以下简称编码器）、连接电缆、天线、馈线和合路器等构成。其中，编码器安装在机车安全信息综合监测装置（TAX）内。系统构成示意如图1-2所示。

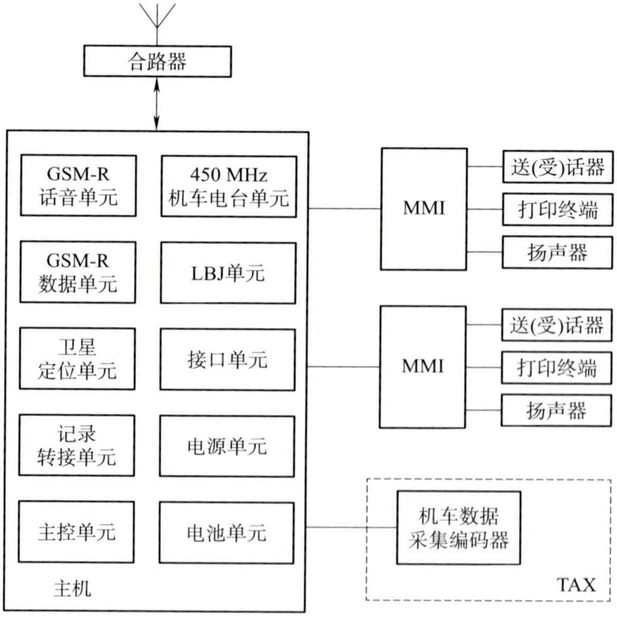

图 1-2 机车综合无线通信设备

在进行无线列调场强测试时，通信检测系统可利用CIR终端中的机车电台单元通过同频或异频方式向车站电台发送控发命令，车站电台收到并解析控发命令后，启动射频单元发射无线信号，并与区间中继设备共同形成铁路沿线的场强覆盖，车载通信检测系统通过测量接收机就可以接收车站电台和区间设备发送的信号能量，从而判断某个地点或者区段的场强覆盖是否合格。

1.1.4　450 MHz无线场强覆盖

无线场强覆盖指的是车站电台和区间设备在工作状态下所形成的铁路沿线一定范围内的覆盖，是确保无线列调系统正常运行，语音调度通信和车次号校核等业务正常开展的前提条件，通常用最小可用接收电平来评判不同类型线路需满足的场强覆盖要求，具体见表1-1。

表 1-1　最小可用接收电平

区段属性	安装位置	最小可用接收电平 /dB μV
电气化区段	机车	10
	动车组	6
非电气化区段	机车或动车组	0

注：最小可用接收电平值是在按 95% 的地点和时间概率，装设在机车或动车组的机车台接收机输出端的电压信噪比不低于 20 dB 条件下确定的。

在动态检测中，通常采用每100 m的95%地点概率统计值作为当前位置的瞬时场强值，随着列车的高速运行最终形成连续覆盖曲线。除了对覆盖范围内的最小可用接收电平有相应的要求外，《450 MHz铁路列车无线电通信最小可用接收电平及其测量方法》（TB/T 1876—2011）中对450 MHz场强覆盖还提出了以下明确规定：

（1）两相邻车站电台场强应连续覆盖且至少应有500 m的重叠区。

（2）本站电台场强覆盖范围一般为站距的50%～70%，且不应小于5 km，小于5 km的区间应覆盖到邻站。

（3）局间交界区车站电台的场强应连续覆盖至局界。对局界偏移的区间，两侧（端）车站的场强覆盖范围应满足行车指挥通话及数据传输的需要。

1.2 GSM-R无线通信系统

GSM-R是为铁路通信设计的专用数字移动通信系统，在GSM系统上增加了调度通信功能和适合高速移动环境下使用的要素，能够满足国际铁路联盟提出的铁路专用调度通信系统的要求。GSM-R目前在铁路方面的应用主要包括调度语音通信业务、列控数据传输业务、机车同步操控、车次号校核以及一些小数据量的数据传输业务。

GSM-R系统使用900 MHz频段进行无线通信，上行（移动台发，基站收）频段为885～889 MHz、下行（基站发，移动台收）频段为930～934 MHz，双工收发间隔为45 MHz，频道间隔为200 kHz。频道序号（ARFCN，绝对射频信道号码）和频道标称中心频率的关系如下：

$$f_1(n)=890.0+(n-1\,024)\times 0.2$$

$$f_h(n)=f_1(n)+45$$

式中，$f_1(n)$、$f_h(n)$分别为移动台发射、接收频率，单位为MHz；n为频道序号，取值范围为999～1 019。

频道序号和频道标称中心频率详细对应关系见表1-2。其中，频道序号为999和1 019的2个频道作为隔离保护。

表 1-2　GSM-R 网络频道序号与频道标称中心频率对照

频道序号	基站接收频率 / MHz	基站发射频率 / MHz
999	885.0	930.0
1 000	885.2	930.2
1 001	885.4	930.4
1 002	885.6	930.6
1 003	885.8	930.8
1 004	886.0	931.0

续表

频道序号	基站接收频率/MHz	基站发射频率/MHz
1 005	886.2	931.2
1 006	886.4	931.4
1 007	886.6	931.6
1 008	886.8	931.8
1 009	887.0	932.0
1 010	887.2	932.2
1 011	887.4	932.4
1 012	887.6	932.6
1 013	887.8	932.8
1 014	888.0	933.0
1 015	888.2	933.2
1 016	888.4	933.4
1 017	888.6	933.6
1 018	888.8	933.8
1 019	889.0	934.0

每条新建的高铁线路在建设阶段就需要对沿线所设置GSM-R基站的频点提前进行规划设计，同时还要综合考虑与该条线路存在交叉并线区域的其他线路的频点设置，以最大程度地避免产生网内的同频、邻频和互调干扰。除了进行频率规划外，还需要采取措施减少其他网络如移动/联通/电信等公众网络通过跳频等方式占用GSM-R频点的问题，这可以通过在联调联试中依靠测试并进行清频的方式，也可以通过在运营期的动态检测中借助扫频和实时频谱进行干扰扫描等方式实现，一旦发现外网频点占用或者相邻频段的大信号干扰，铁路局无线电管理委员会（简称“无委”）可与地方无委进行沟通，要求运营商进行频率调整或者降低公众网络基站的发送功率。

1.2.1 GSM-R无线通信系统构成

GSM-R系统包括移动交换子系统（SSS）、移动智能网子系统（IN）、通用分组无线业务子系统（GPRS）、无线子系统（BSS）、无线终端（MS）、运营与支撑子系统（OSS）等部分。GSM-R系统构成如图1-3所示。

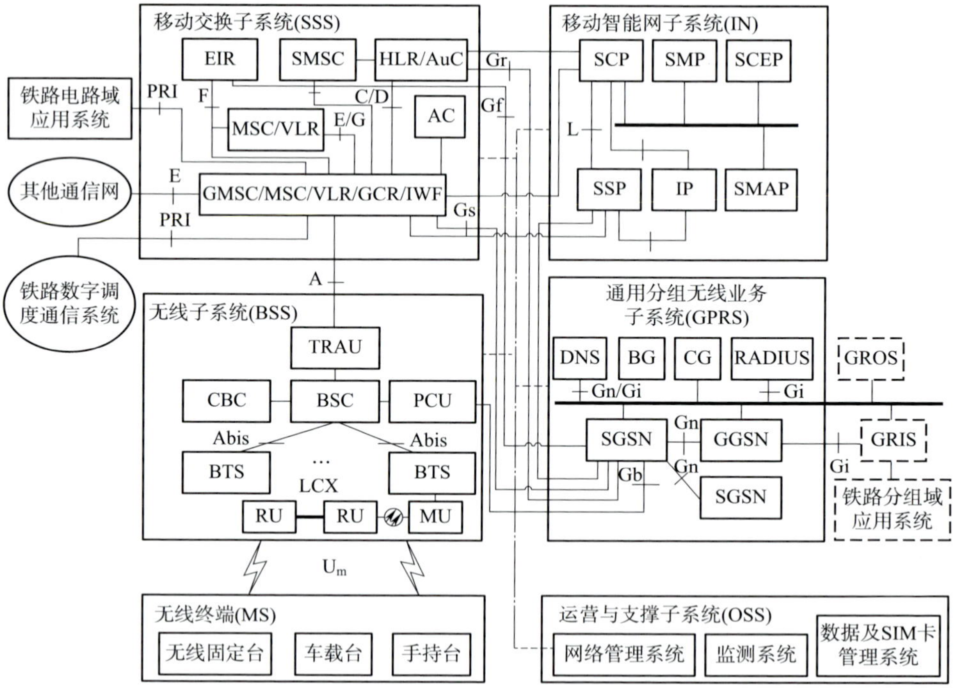

图 1-3　GSM-R 系统组成及接口

与动态检测和静态监测相关的子系统包括移动交换子系统（SSS）、通用分组无线业务子系统（GPRS）、无线子系统（BSS）和无线终端。其中，移动交换子系统包含移动交换中心（MSC）、鉴权中心（AuC）和互联功能单元（IWF）等，具有基本交换、呼叫接续以及用户数据管理和移动性管理等功能；通用分组无线业务子系统（GPRS）包含服务GPRS支持节点（SGSN）、网关GPRS支持节点（GGSN）、域名服务器（DNS）等，具有为无线用户提供分组数据承载业务的功能；无线子系统（BSS）包含基站控制器（BSC）、码变换和速率适配单元（TRAU）、基站（BTS）和无线中继传输设备等，具有无线信号发送与接收、无线资源管理、传送系统信号和用户信息等功能；无线终端为GSM-R网络的无线接入设备，可分为移动终端（台）和无线固定终端（台），移动终端包括车载台、手持台等，无线固定终端指非移动状态下使用的无线终端。

1.2.2 GSM-R系统与列控的关系

GSM-R系统为CTCS-3级列控系统提供车—地双向数据传输通道。CTCS-3级列控系统与GSM-R系统间的接口为I_{GSM-R}、I_{FIX}，如图1-4所示。I_{GSM-R}接口为CTCS-3级列控系统车载无线传输单元与GSM-R车载电台间的接口，I_{FIX}接口为CTCS-3级列控系统RBC与GSM-R系统MSC间的接口。

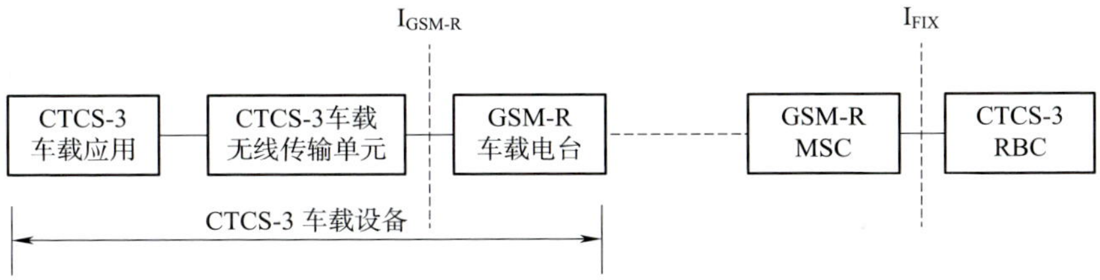

图 1-4 CTCS-3 级列控系统与 GSM-R 系统接口组成示意

1.2.3 基　站

BTS是GSM-R网络中固定部分与移动部分之间的中继，主要负责与覆盖区域内的移动台进行通信，并对空中接口进行管理。BTS由天线、耦合系统、收发信机（TRX）及基站公共功能（BCF）组成，可以将其看作一个复杂的无线调制解调器。耦合系统是天线与收发信机TRX之间的接口。TRX是BTS中最主要的设备，1台TRX管理着1个TDMA帧，即管理8个物理信道。TRX的功能包括：编码、加密、调制，然后将射频信号馈送给天线；接收信号均衡、解调；移动呼叫检测；上行链路信道测量；时间提前量的测量；跳频。BCF通过Abis接口与BSC相连，它的功能是将语音和用户数据信道合成以后发送给BSC和将信令信道合成以后发送给BSC。此外，BCF还具有以下功能：Abis接口管理、时隙分配、操作与维护。基站的状态可通过综合网管系统进行实时监测，也可通过动态检测进行基站场强覆盖和网络参数的检测，通过动态检测可指导基站无线网络参数的优化。

1.2.4 直 放 站

光纤直放站是一种基站信号拉远设备，主要用于隧道、山区等不适合基站信号覆盖的弱场区域，它通过近端机MU（Master Unit）把基站射频信号转换成光信号，然后传输到光纤远端机RU（Remote Unit）。光纤直放站系统主要由近端机、光纤、远端机、操作维护设备构成，如图1-5所示。

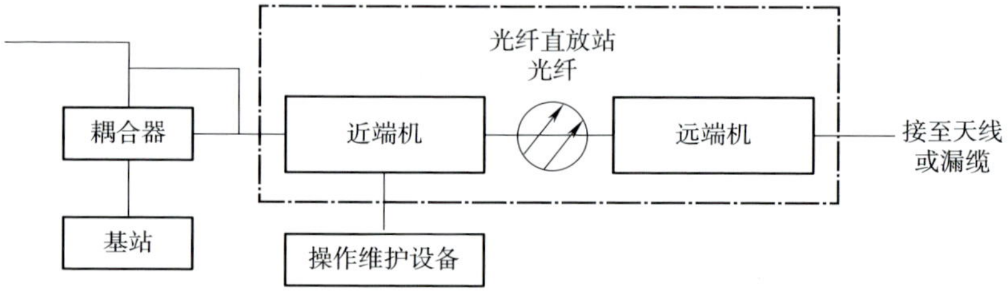

图 1-5　GSM-R 光纤直放站系统构成示意

光纤直放站分为模拟光纤直放站和数字光纤直放站，它们主要区别体现在光纤传输的分别是模拟射频信号和数字信号。模拟光纤直放站具有系统设计简单、成本低、信号质量可靠、抗干扰能力强等特点，但是存在传输时延造成多径干扰以及多个远端机级联造成噪声积累的问题，因此在工程应用中存在一定局限性，例如与基站距离以及直放站间距不能超过2 km等；数字光纤直放站通过近端机将射频基站输出信号进行中频数字处理后经光电转化成光信号，在数字域可以调整时延，实现多台远端机之间的同步收发，通过控制每个时隙开关，消除多台远端机级联形成的底噪抬升，使得数字光纤直放站性能接近于基站的覆盖能力，应用范围相对较广。直放站的运用状态可通过综合网管系统进行实时监测，也可通过动态检测的无线场强覆盖判断。

1.2.5 漏　　缆

漏泄同轴电缆简称漏缆，是一种外导体不完全封闭的同轴电缆。沿电缆内部传输的信号，一部分通过外导体上的孔隙耦合到该外导体和周围环境所构成的传输系统，或按与上述相反的方向进行耦合。漏缆馈出的无线信号相对天线均匀且易于控制覆盖范围，所以在隧道、山区路堑等地段利用漏缆实现无线信号覆盖存在无覆盖盲区、同频干扰小等优点。漏缆一般架设高度距离钢轨顶面4.5～4.8 m。漏缆的运用状态可通过综合网管系统进行实时监测，也可通过动态检测的无线场强覆盖判断。此外，漏缆的卡具和线缆的外观状态还可以通过综合巡检进行图像的采集和识别发现破损和脱落等。

1.2.6 无线终端

无线终端是接入GSM-R网络的用户设备，除了具有通过Um接口接入到GSM-R网络的一般功能外，还为移动用户提供了人机接口。无线终端可分为移动终端（台）、无线固定终端（台）。移动终端包括车载台、手持台等；无线固定终端指非移动状态下使用的无线终端。按照终端发射功率可分为：8 W终端和2 W终端。电路交换数据业务无线测试终端发射功率配置应为8 W，分组交换数据业务无线测试终端发射功率配置应为2 W或8 W。常见的无线终端包括作业手持台（OPH）、通用手持台（GPH）、机车综合无线通信设备（CIR）、车载无线终端库检设备、机车同步操控车载通信单元、列车运行控制车载通信设备、列车尾部安全防护装置主机等。

1.2.7 SIM卡

SIM卡是Subscriber Identity Module（客户识别模块）的缩写，也称为用户身份识别卡、智能卡，GSM-R无线终端必须装上此卡方能接入GSM-R网络。SIM卡具有下列主要功能：

（1）数据存储，存储与用户有关的个体和网络信息。

（2）网络注册，支持MSC对SIM卡用户数据进行合法性检查。

（3）鉴权加密，通过与网络的交互完成用户身份鉴权。

（4）安全防护，具有防破解措施。

北京铁路通信信号运维中心（原北京铁路通信技术中心）负责GSM-R SIM卡的归口管理，其制作的SIM卡可包含语音呼叫功能、CSD电路域呼叫和数据传输、GPRS分组域数据传输等功能。

1.2.8 PRI接口

PRI接口，即基群速率接口（Primary Rate Interface）（30B+D），采用DSS1信令方式，是GSM-R网络MSC与铁路电路域应用系统、铁路数字调度通信系统之间的接口。为了对GSM-R系统的信令和用户数据形成闭环管理和分析，各路局集团公司均在局内的核心网针对CTCS-3级线路设置了PRI接口监测系统，其主要功能包括信令和用户数据的采集、存储、查询、分析、统计和告警等功能，在列车运行过程中如发生无线网络超时或者降级可辅助进行原因查找和分析。

1.2.9 A接口

A接口位于MSC与BSS（TRAU）之间，主要传递呼叫处理、移动性管理、基站管理、移动台等信息。A接口采用2.048 Mbit/s数字接口，信令规程采用No.7信令方式。A接口交换的消息包括：用户业务（语音和数据）和信令。用户业务的传输，在无线接口上每个时隙映射成一个业务信道，64 kbit/s语音速率调整（A律或μ律）和数据速率调整在TRAU中执行。信令的传输，遵循CCITT信令系统7（SS7），由消息转移部分（MTP）和信令连接控制部分（SCCP）两部分组成。为了对GSM-R系统的信令形成闭环管理和分析，各路局集团公司均在局内的核心网针对CTCS-3级线路设置了A接口监测系统，其主要功能包括信令的采集、存储、查询、分析、统计和告警等，在列车运行过程中如发生无线网络超时或者降级可辅助进行原因查找和分析。

1.2.10 Abis接口

Abis接口是BSS的2个功能实体BSC与BTS之间的通信接口，支持所有向用户提供的服务，并支持对BTS无线设备的控制和无线频率的分配。Abis接口采用2.048 Mbit/s（E1）或者1.544 Mbit/s（T1）的PCM数字链路，也就是由32路或24路64 kbit/s话路组成。BTS和BSC之间交换的消息包括：业务交换、呼叫建立和BTS操作与维护的信令交换。

Abis接口协议可以分为三层：第一层是PCM传输层；第二层是LAPD协议：标准的HDLC过程，包括无线信令链路（RSL）和操作与维护链路（OML）；第三层是应用协议，包括无线子系统管理（RSM）和操作与维护过程（O&M）。

同样地，为了信令闭环管理和分析的需要，各路局也针对CTCS-3级线路设置了Abis接口监测系统，其功能和作用与A接口监测系统类似。

1.2.11 Um接口

Um接口位于MS和BTS之间，用于MS和GSM-R网络固定部分之间的通信。Um接口物理连接通过无线链路实现。Um接口协议可以分为三层：（1）第一层是物理支持：TDMA帧、FDMA和逻辑信道复用。（2）第二层是LAPDm协议。（3）第三层是无线接口层，其中又包括三个子层：无线资源管理（RR）子层、移动性管理（MM）子层、连接管理（CM）子层。

在MS和BTS通信过程中，移动台负责测量下行链路的信号强度和信号质量，基站测量上行链路的信号强度和信号质量。移动台通过SACCH信道周期性发送测量报告，向网络报告专用信道和邻小区测量结果。测量报告包含以下内容：服务小区接收电平和话音质量、邻小区接收电平、邻小区BSIC、DTX使用情况、测量结果有效性等。

移动台为了得到或提供不同的服务，通常需要从网络获得消息。这些在Um接口广播的消息被称为系统消息，包括1、2、2 bis、2 ter、3、4、5、5 bis、5 ter、6、7、8（bis指同频段频点信息；ter指异频段频点信息）。系统消息在BCCH或SACCH逻辑信道中传递：在空闲模式下，网络通过BCCH信道传送系统消息1～4、7、8；在专用模式下，网络通过SACCH信道传递系统消息5、6。各系统消息包含的主要内容如下：

（1）系统消息类型1：小区信道描述、RACH控制参数。

（2）系统消息类型2：邻小区BCCH频点描述、RACH控制消息、允许的PLMN。

（3）系统消息类型2 bis：扩展邻小区BCCH频点描述、RACH控制消息。

（4）系统消息类型2 ter：扩展邻小区BCCH频点描述2。

（5）系统消息类型3：小区识别CELLID、位置区识别LAI、控制信道描述、小区选择、小区选择参数、RACH控制参数。

（6）系统消息类型4：位置区识别LAI、小区选择参数、RACH控制参数、CBCH信道描述、CBCH移动配置。

（7）系统消息类型5：邻小区BCCH频点描述。

（8）系统消息类型5 bis：扩展邻小区BCCH频点描述。

（9）系统消息类型5 ter：扩展邻小区BCCH频点描述。

（10）系统消息类型6：小区识别CELLID、位置区识别LAI、小区选择。

（11）系统消息类型7：小区重选参数。

（12）系统消息类型8：小区重选参数。

GSM-R服务质量测试主要就是通过对Um接口上述信令消息的采集、解析和分析实现的，CTCS-3级信号检测系统通常也包括Um接口监测子系统，两者的区别主要是GSM-R服务质量测试采集的信令为通信检测系统测试模块与基站的下行交互信令，而信号专业的Um接口监测系统则主要是采集分析列控车载模块与基站交互的上下行信令和用户数据等。

1.2.12 主要信令流程

在服务质量的动态检测中，主要是通过无线终端的主叫、被叫、挂断、掉话和越区切换等信令流程来实现的，这些过程的信令流程与GSM系统是一脉相承的，这里主要介绍在语音和电路域服务质量测试常用的主叫和越区切换的信令流程，其他信令流程可参考GSM的信令流程相关资料。

1. 移动台发起呼叫

移动台发起呼叫的信令流程如图1-6所示。

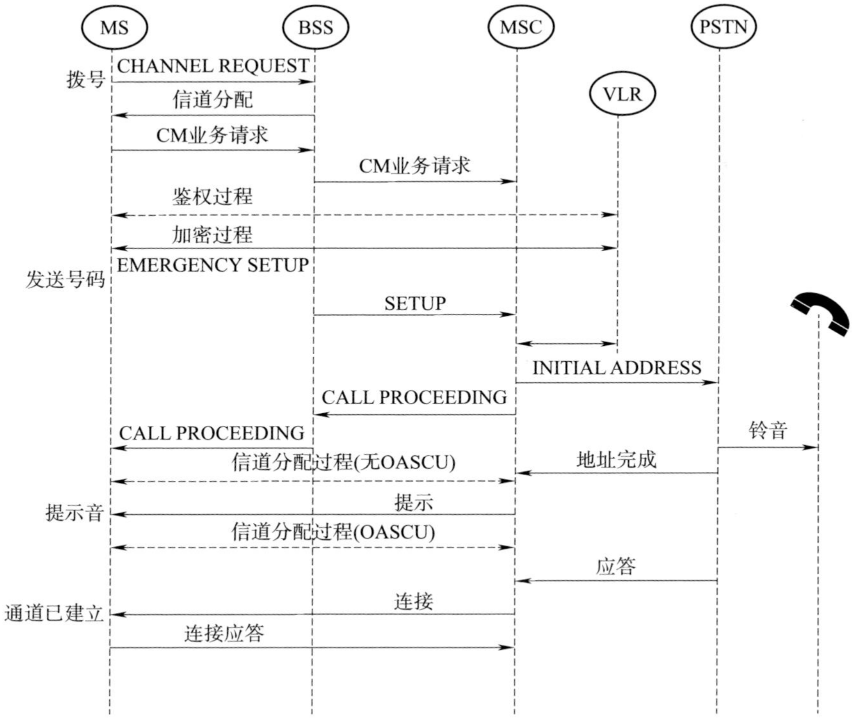

图 1-6 移动台主叫信令流程

（1）移动台通过在RACH上发送CHANNEL REQUEST消息，请求网络分配信道而发起呼叫。

（2）网络在专用信道上应答IMMEDIATE ASSIGNMENT消息并分配信道TCH、FACCH或SDCCH，移动台就可以在已分配的信道上发送业务请求。

（3）如果网络需要鉴权，VLR可以发起鉴权和加密过程。

（4）对于普通呼叫，移动台向MSC发送SETUP消息（包含被叫方的号码），发起呼叫建立过程。对于紧急呼叫，移动台向MSC 发送EMERGENCY SETUP消息。

（5）MSC向VLR查询该用户是否具有呼叫此业务的能力。

（6）如果该用户具有呼叫能力，MSC通过INITIAL ADDRESS消息转发被叫方的号码。

（7）MSC向移动台发送CALL PROCEEDING消息，进行呼叫的处理过程。如果提供了eMLPP业务，CALL PROCEEDING消息中还应包含呼叫优先级。支持eMLPP的移动台应存储关于呼叫优先级的信息，不支持eMLPP的移动台则忽略该信息。

（8）对于早期的信道分配，呼叫处理后开始分配业务信道。对于晚期的信道分配（有OACSU），应在第10步移动台收到ALERTING消息后开始分配业务信道。

（9）PSTN对被叫方电话产生振铃后，给MSC返回ISUP ADDRESS COMPLETE消息。收到ISUP ADDRESS COMPLETE消息后，MSC向移动台发送ALERTING消息，产生提示音，提示用户正在接通被叫方。

（10）被叫方拿起听筒后，PSTN向MSC发送ISUP ANSWER消息。

（11）MSC连接移动台，移动台向MSC发送CONNECT ACKNOWLEDGE消息，确认连接并开始通信。

（12）如果移动台收到网络或被叫方无法接通的指示，则由网络发起呼叫释放过程。

2. 越区切换信令流程

将一个正处于呼叫建立状态的MS转换到新的业务信道上的过程称为切换。整个越区切换过程由MS、BTS、BSC、MSC共同完成，MS负责测量无线子系统的下行链路；BTS负责监视每个被服务的移动台上行链路接收电平和质量，此外还要在其他空闲的话务信道上监测干扰电平。BTS将自身和MS测量结果转发给BSC，最初的判决由BSC完成，对于从其他BSS和MSC发来的信息，测量结果的判决由MSC来完成。触发越区切换的原因包括功率预算切换、电平切换、质量切换、距离切换等。越区切换的类型包括：BSC内部切换、BSC之间切换、MSC之间切换等。下面将对最常见的BSC内部切换的切换流程进行介绍。

当移动台切入的目标小区和当前服务小区属于同一个BSC时，将触发BSC内部切换事件，这种切换不需要MSC的干涉，可以由BSC独立控制完成。切换具体流程如图1-7所示。

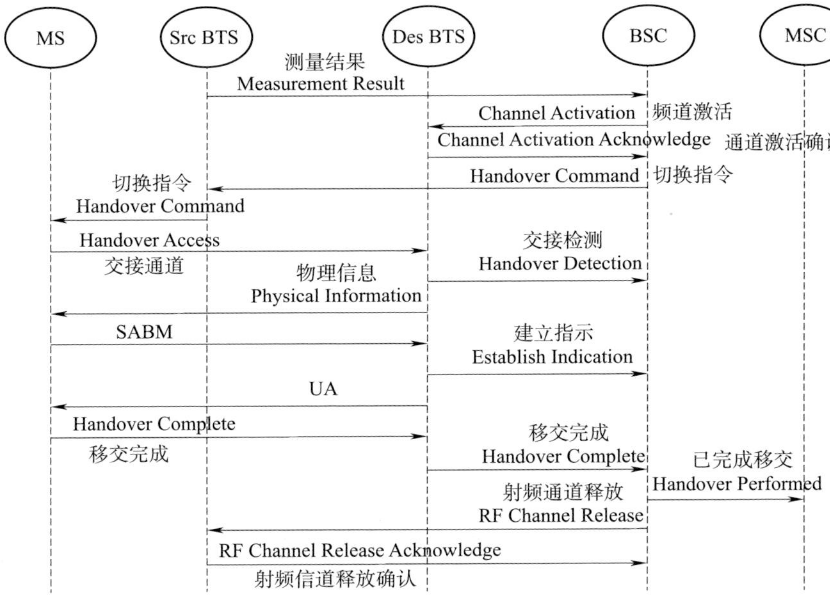

图 1-7 越区切换信令流程

（1）源基站向BSC转发测量结果并进行切换判决，符合切换条件后发起切换。

（2）如果目标基站的新信道可用，BSC将激活该信道。

（3）目标基站尝试建立新信道，并将执行结果反馈给BSC。

（4）BSC向源基站发送切换命令消息，分配新信道并告知新信道的特性、发送电平级、跳频设置以及切换类型（同步切换、非同步切换）。源基站将这些信息转发给移动台。

（5）移动台发送切换接入消息。如果使用同步切换，移动台在FACCH上连续的时隙中向目标基站发送HANDOVER ACCESS消息；如果使用非同步切换，移动台在TCH上通过发送接入突发，向目标基站发送连续的HANDOVER ACCESS消息流。

（6）目标基站向BSC报告切换检测的结果。

（7）如果是非同步切换，目标基站向移动台发送物理消息。

（8）目标基站向BSC发送建立提示消息。

（9）移动台在新的FACCH上通过目标基站、BSC向MSC发送HANDOVER COMPLETE消息。

（10）BSC向源基站发起射频信道释放过程，BSC向源基站发送RF CHANNEL RELEASE消息，源基站向BSC返回应答消息。

1.2.13 GSM-R无线场强覆盖

GSM-R网络沿铁路线路呈线状覆盖，无线网络覆盖方式包括：普通单网覆盖、交织单网覆盖和同站址双网覆盖。普通单网无线覆盖如图1-8所示；交织单网无线覆盖如图1-9所示；同站址双网覆盖如图1-10所示。

GSM-R无线场强在接收机天线输入端射频信号最小可用接收电平应满足的规定，见表1-3。

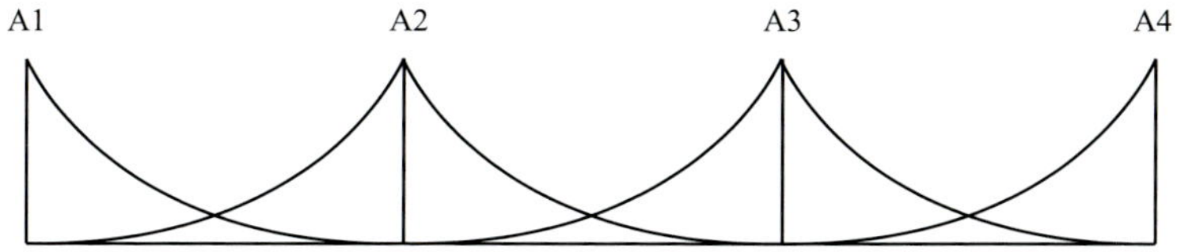

图 1-8 普通单网无线覆盖示意

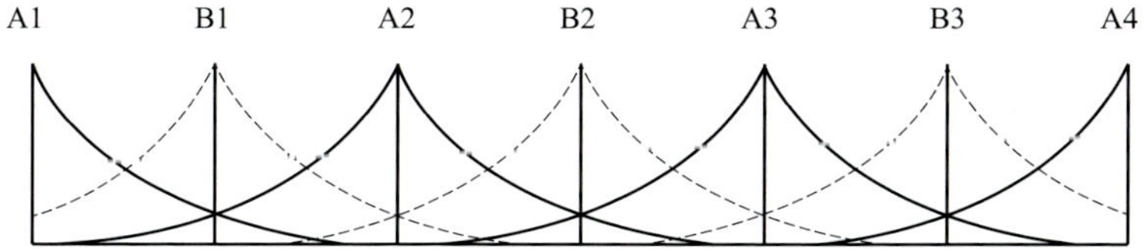

图 1-9 单网交织覆盖示意

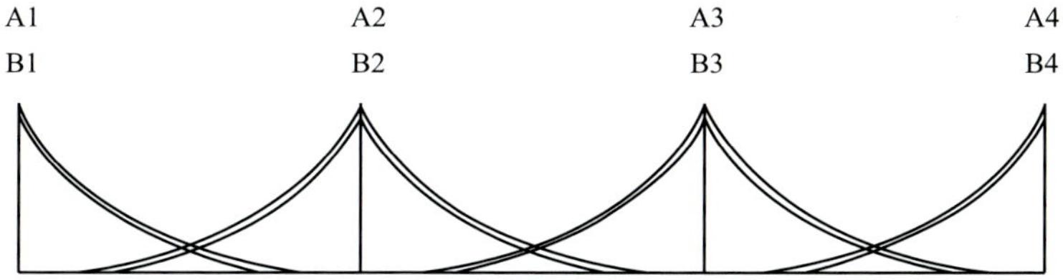

图 1-10 双网覆盖示意

表 1-3 GSM-R 无线场强覆盖标准

业务种类	接收机天线位置	设计速度/（km/h）	时间、地点统计概率/%	最小可用接收电平 P_{rmin}*/dBm
话音及非列控类业务	机车或动车顶部	未限定	95	−98
列控类业务	机车或动车顶部	v≤220	95	−95
		220<v≤280	95	−95～−92
		v>280	95	−92

注：* 接收电平为均方根值。

1.2.14 GSM-R话音和非列控类电路交换数据业务服务质量

GSM-R网络提供话音业务和非列控类电路交换数据业务时，呼叫建立时间等服务质量项目应符合指标要求，见表1-4。

表 1-4　话音业务和非列控类电路交换数据业务服务质量要求

服务质量项目名称	指标要求
端到端呼叫（连接）建立时间/s	铁路紧急呼叫＜2（95%），＜3（99%）；同一区域内司机间的语音组呼＜5（95%），＜7.5（99%）
	除上述外，MS-FT的运营呼叫：＜5（95%），＜7.5（99%） 除上述外，FT-MS的运营呼叫：＜7（95%），＜10.5（99%）
	除上述外，MS之间的运营呼叫：＜10（95%），＜15（99%） 所有低优先级呼叫：＜10（95%），＜15（99%）
呼叫（连接）建立失败概率	$<10^{-2}$
数据速率/（kbit/s）	≥2.4
最大端到端延迟/s	＜0.5（95%），＜1.2（99%），＜2.4（99.99%）
平均端到端延迟/s	0.4～0.5
越区切换中断时间/s	＜0.5（95%）
越区切换成功率/%	≥99.5
网络注册时延/s	≤30（95%），≤35（99%），≤40（100%）

1.2.15　GSM-R列控类电路交换数据业务服务质量

GSM-R网络承载列控类电路交换数据业务时，移动终端发起的连接建立时间等服务质量项目应符合指标要求，见表1-5。

表 1-5　列控类电路交换数据业务服务质量指标要求

服务质量项目名称	指标要求
移动终端发起的连接建立时延/s	＜8.5（95%），≤10（100%）
连接建立失败概率	$<10^{-2}$
最大端到端传输时延/s	≤0.5（99%）
连接丢失概率	$\leq 10^{-2}$/h
传输干扰时间TTI/s	＜0.8（95%），＜1（99%）
传输无差错时间TREC/s	＞20（95%），＞7（99%）
网络注册时延/s	≤30（95%），≤35（99%），≤40（100%）

1.2.16 GSM-R分组域服务质量

GPRS系统提供的服务质量采用优先等级、UDP数据延迟、UDP数据丢包率、吞吐量4个指标来衡量，应用中可根据业务需求协商确定各项指标的服务等级，各等级指标应符合下列要求：

（1）优先等级：1级为高优先级；2级为正常优先级；3级为低优先级。GPRS用户优先等级分配：

1级：列车运行控制系统用户。

2级：与调度指挥系统相关的用户。

3级：其他用户。

（2）GPRS数据传输延迟应进行分级，见表1-6。

表 1-6 GSRS 延迟等级

延迟等级	128（B）		1 024（B）	
	平均延迟 /s	95%/s	平均延迟 /s	95%/s
1	小于0.5	小于1.5	小于2	小于7
2	小于5	小于25	小于15	小于75
3	小于50	小于250	小于75	小于375

注：“95%” 指 95% 的包延迟符合标准规定。

（3）可靠性级别应进行分级，见表1-7。

表 1-7 GPRS 可靠性级别

级别	SDU 丢失概率	SDU 重传概率	SDU 非顺序到达概率	SDU 出错概率	应用特性说明
1	10^{-9}	10^{-9}	10^{-9}	10^{-9}	差错敏感，无纠错能力，有限容错能力
2	10^{-4}	10^{-5}	10^{-5}	10^{-6}	差错敏感，有限纠错能力，较好容错能力
3	10^{-2}	10^{-5}	10^{-5}	10^{-2}	差错不敏感，有纠错能力，强容错能力

（4）吞吐量包括峰值吞吐量和平均吞吐量，应进行分级，见表1-8和表1-9。系统设备应具有在线平滑扩容的能力。实际应用中，应根据终端设备能力以及无线信道资源分配情况确定吞吐量指标要求。

表 1-8　GPRS 业务峰值吞吐量类别

峰值吞吐量级别	传输速度 /（B/s）	峰值吞吐量级别	传输速度 /（B/s）
1	1 000	6	32 000
2	2 000	7	64 000
3	4 000	8	128 000
4	8 000	9	256 000
5	16 000	—	—

表 1-9　GPRS 业务平均吞吐量类别

平均吞吐量级别	传输速度 /（B/h）	平均吞吐量级别	传输速度 /（B/h）
1	100	10	100 000
2	200	11	200 000
3	500	12	500 000
4	1 000	13	1 000 000
5	2 000	14	2 000 000
6	5 000	15	5 000 000
7	10 000	16	10 000 000
8	20 000	17	20 000 000
9	50 000	18	50 000 000

1.2.17　GSM-R应用功能

GSM-R网络承担了无线车次号校核信息传送、调度命令信息传送等应用功能。列车无线车次号校核信息传送成功率应不低于99%。调度命令信息传送成功率应不低于99%。

1.2.18 GSM-R服务质量地面测试平台

GSM-R服务质量地面测试平台是专为配合车载通信检测系统完成服务质量和应用功能测试而设置的辅助设备，由调度通信业务测试模块、话音业务服务质量QoS测试模块、CSD业务测试模块、GPRS业务测试模块、业务综合统计模块、数据库服务器以及操作管理终端等组成，主要功能包括：

（1）调度通信功能测试：具备点对点呼叫、组呼和广播、功能寻址、位置寻址、铁路紧急呼叫等调度通信功能，可完成GSM-R调度通信功能验证。

（2）话音业务服务质量QoS测试：具备按设定的通话保持时间和呼叫间隔时间周期性发起呼叫的功能，通过监测FAS接口单元呼叫信令，完成FT-MS呼叫建立时间和呼叫成功率测试；可通过GPRS通道接收车载测试设备发送的开始测试命令，自动测试并实时将测试结果发送到车载测试设备，也可由操作员在设备上完成操作设定后进行测试；具备自动应答MS-FT呼叫的功能。

（3）CSD业务QoS测试：具备自动应答CSD连接请求的功能，配合车载测试设备完成连接建立时间和成功率、链路失效概率等测试；具备实时透明转发CSD数据的功能，配合车载测试设备完成端到端CSD数据传输延时测试；具备接收车载测试设备发送的连续CSD数据包并对数据进行校验的功能，完成上行方向CSD数据传输干扰率测试；具备连续发送CSD数据包的功能，配合车载测试设备完成下行方向CSD数据传输干扰率测试。

（4）GPRS业务功能测试：具备向车载测试设备发送调度命令并自动存储确认消息的功能，完成调度命令发送成功率测试；具备接收车载测试设备发送列车无线车次号校核信息并回送校核信息接收数量的功能，配合车载测试设备完成车次号校核信息发送成功率测试。

（5）GPRS业务QoS测试：具备实时透明转发GPRS数据的功能，配合车载测试设备完成数据传送丢包率和传输延时等测试；具备FTP服务器功能，配合车载测试设备完成GPRS吞吐量测试。

第2章 通信检测系统

2.1 检测项目及原理

2.1.1 检测项目

通信检测系统的检测项目主要包括GSM-R场强覆盖、服务质量和电磁环境检测。各项目主要包括以下参数：

（1）GSM-R场强覆盖：覆盖合格率、覆盖异常区间、无线设备工作状态。

（2）服务质量：语音端到端连接建立时间及连接建立失败概率、切换中断时间及成功率、话音质量等级；CSD连接建立时延及连接建立失败概率、用户数据帧传送时延、传输干扰时间、传输无差错时间；GPRS数据传送时延、UDP数据丢包率、数据吞吐量。

（3）电磁环境：扫频及实时频谱。

（4）应用功能：调度命令及车次号测试成功率。

2.1.2 检测原理简介

1. 场强覆盖

无线场强覆盖检测系统是由全向天线接收到无线信号后传送给测量接收机，通过计距设备输出脉冲至测量接收机进行采样测试。采样值输入到计算机，由计算机记录所测得的信号电平值并进行统计分析，无线场强覆盖测试连接如图2-1所示。

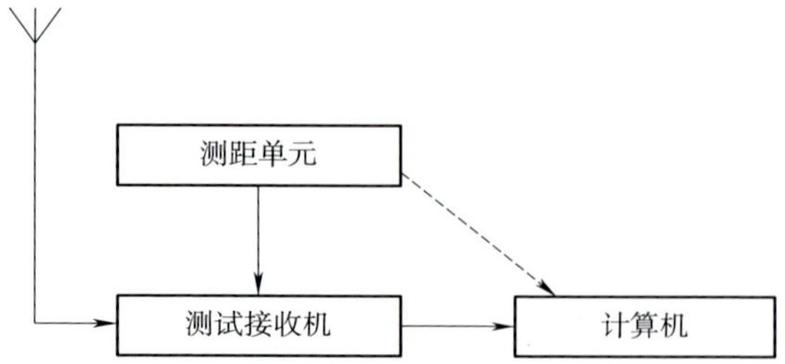

图 2-1　无线场强覆盖测试连接

根据无线电波传播衰落对传输信号的影响分类，可将电磁波在无线空间中传播时经历的衰落过程分为平均路径衰落、阴影衰落（慢衰落）和多径衰落（快衰落）等。如果无线电波在传播路径上没有直射波路径，电波传播遇到起伏地形、建筑物、树林等障碍物的阻挡，在阻挡物后会形成电波传播的阴影区，移动台在穿过阴影区时接收信号的中值电平会有缓慢的衰落，这种现象叫阴影衰落。还可根据接收信号场强变化区间的大小将衰落分为大尺度衰落、中等尺度衰落和小尺度衰落。大尺度衰落通常随发射与接收的距离变化，对应路径损耗。无线电波衰落如图2-2所示。如果电波强度衰落到接收机灵敏度以下，则不能保证正常通信。

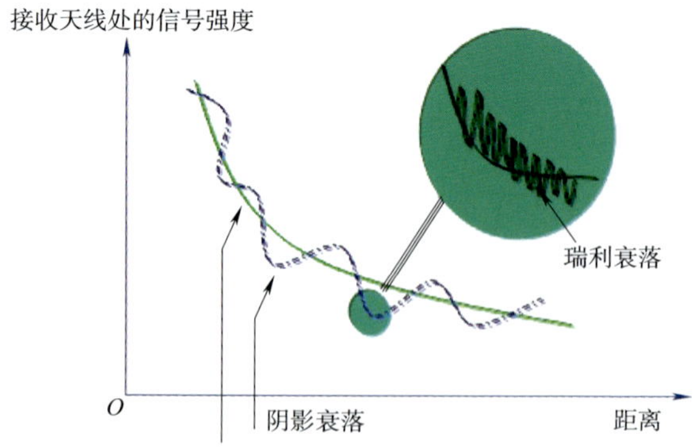

图 2-2　无线电波衰落示意

铁路无线通信场强检测主要是检查电波传播大尺度特性，通过检测了解保证铁路运营的无线通信范围，通过检测电波变化趋势查找不符合铁路通信场强覆盖要求的线路情况。由于电波是瞬时变化的，为了保证通信的可靠性，采用统计方式进行覆盖评估，根据衰落的标准差和覆盖概率取值，标准是满足95%的覆盖统计概率。

目前，铁路无线场强检测通常采用按距离采样的方式，根据一些研究观点，在40个波长的采样间隔内采集36～50个点就可以基本反映出本段长度电波传播中值的平均变化。根据铁路标准《GSM-R无线网络覆盖和服务质量（QoS）测试方法》，我国采用4 cm的间距进行GSM-R场强测试的采样。欧洲国家检测GSM-R场强所用采样间距各有不同，德国采用10 cm间距（包括瑞典等国家，使用RS公司提供的检测设备）、法国采用 3 cm、意大利采用了LEE式定理采样间距24 cm左右。根据相关论文研究，上述几种采样间距统计得到的场强覆盖数据相差小于1 dB。

GSM-R移动通信系统使用的是200 kHz通信信道带宽，是以信号电平下降3 dB时的带宽为标准衡量。目前GSM-R场强测试使用的检测带宽在不同国家有200 kHz、196 kHz和120 kHz等几种。GSM-R信道带宽如图2-3所示。

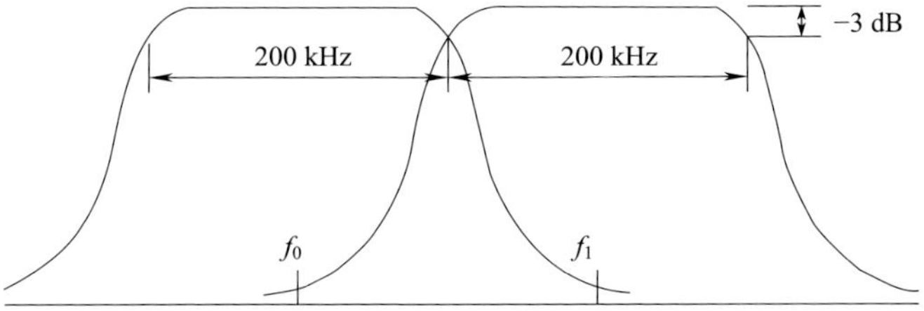

图 2-3　GSM-R 信道带宽示意

2. 服务质量

GSM-R网络服务质量反映了网络提供各种业务的质量水平，服务质量包括语音业务QoS、电路域数据业务QoS和分组域数据业务QoS。其中：

（1）语音业务QoS检测指标，包括语音端到端连接建立时间及连接建立失败概率、切换中断时间及成功率话音质量等级等。

（2）电路域数据业务QoS检测指标，包括CSD连接建立时延及连接建立失败概率、用户数据帧传送时延、传输干扰时间、传输无差错时间等。

（3）分组域数据业务QoS检测指标，包括GPRS数据传送时延、UDP数据丢包率、数据吞吐量等。

服务质量中不同测试项目选取的测试点不同，话音测试反映网络承载话音业务的质量水平，测试点为Um接口或PRI接口；电路域数据测试反映网络承载电路域数据的质量水平，从应用角度考虑，测试点为$I_{gsm(t)}$接口；分组域数据测试反映网络提供分组域数据业务时的延时、丢包率、吞吐量性能，从应用角度出发，测试点选为$I_{gsm(t)}$和$I_{ftx(t)}$接口，如图2-4所示。

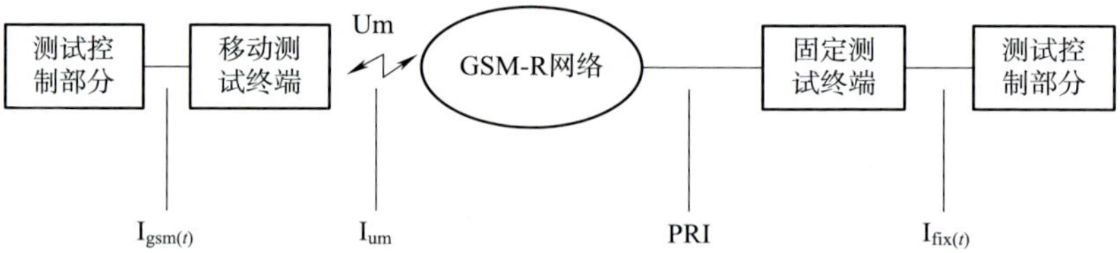

图 2-4　GSM-R 服务质量测试结构

3. 电磁环境

无线通信网络干扰包括同频干扰、邻频干扰、偏离载波400 kHz的干扰。按照标准要求，确保铁路GSM-R数字移动通信在铁路正线上同频、邻频干扰、偏离载波400 kHz的干扰保护比分别不小于12 dB，−6 dB和−38 dB。铁路GSM-R网络干扰的测试又包括整条铁路沿线的载干比测试和载干比超标地点的干扰源的查找。

频谱扫描一般设置频谱分析仪扫描范围885～889 MHz（上行）和930～934 MHz（下行），扫描周期100 ms，分辨带宽30 kHz，采用峰值检波，使用最大峰值保持的显示模式，记录频谱扫描范围内接收电平的瞬时值、最大值和最小值。频谱扫描最大值用于表征在测试期间被测频带内出现过的电平最大值，可以此直观地反映在被测区间GSM-R频段内的干扰分布和干扰强度。GSM-R载干比测试结构如图2-5所示。

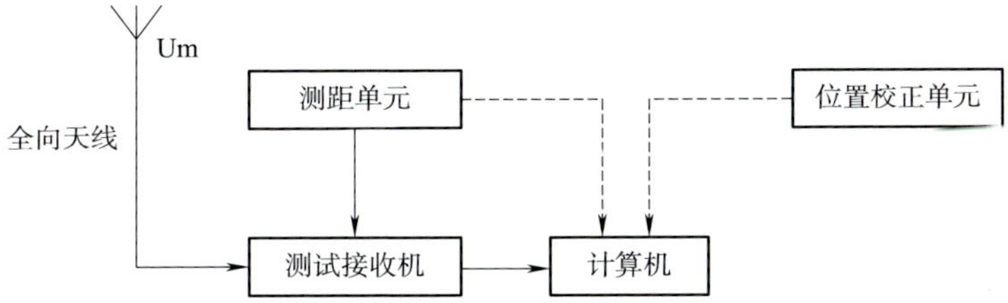

图 2-5 GSM-R 载干比测试结构

在GSM-R系统运用状态即不关闭GSM-R基站条件下，可以利用测试手机解码得到的RxQual、*C*/*I*、公网GSM使用的跳频序列等，通过统计被测区段的RxQual、*C*/*I*的分布，结合GSM-R无线覆盖的状况，判断是否受到干扰。

随着无线干扰测试设备的不断发展，铁路GSM-R电磁环境的检测方式也在不断的完善和更新。

2.1.3 技术指标

对于无线场强覆盖应符合要求，见表2-1，在服务质量检测中，对于语音业务和非列控类数据业务应满足要求，见表2-2，对于列控类数据业务应满足要求，见表2-3。

表 2-1 GSM-R 系统正常运行的最小可用接收电平

业务种类	线路类型	覆盖概率 /%	P_{rmin}/dBm
话音及非列控数据	CTCS-2	95	−98
列控数据	CTCS-3	95	−92

表 2-2　GSM-R 网络语音业务与非列控类数据业务 QoS 指标

服务质量项目	指标值
端到端呼叫（连接）建立时间/s	MS-FT的运营呼叫＜5（95%），＜7.5（99%）
	MS-MS的运营呼叫＜10（95%），＜15（99%）
呼叫（连接）建立失败概率	$<10^{-2}$
越区切换成功率（可选）	≥99.5%

表 2-3　GSM-R 网络列控类数据业务 QoS 指标

服务质量项目	指标值
移动台发起的连接建立时延/s	＜8.5（95%），≤10（100%）
连接建立失败概率	$<10^{-2}$
连接丢失概率	$\leqslant 10^{-2}$/h
传输干扰时间T_{TI}/s	＜0.8（95%），＜1（99%）
传输无差错时间（传输恢复时间）T_{REC}/s	＞20（95%），＞7（99%）

2.2　系统架构

通信检测项目主要包括450 MHz无线列调场强覆盖检测、GSM-R移动通信系统场强覆盖测试、GSM-R服务质量测试。测试系统配置了测量接收机、GSM-R车载通信模块和系统测试控制器，采用综合检测车统一的时空同步完成测试定位，在一个往返交路内完成各项指标检测。通信检测系统配置如图2-6所示。

场强测试重点关注铁路线路场强覆盖情况，服务质量测试侧重于评价网络质量的好坏。在日常检测的过程中发现，对于某些网络质量较差的问题点，仅仅知道质量差，无法分析造成质量差的原因，不能给出具体的处理意见。因此，干扰检测不应该是一个孤立的系统，应首先站在网络用户的角度从服务质量参数的好坏来判断网络是否受到干扰。在此基础上，结合实时频谱和扫频测试，对高铁线路进行电磁环境检测。电磁环境测试如图2-7所示。

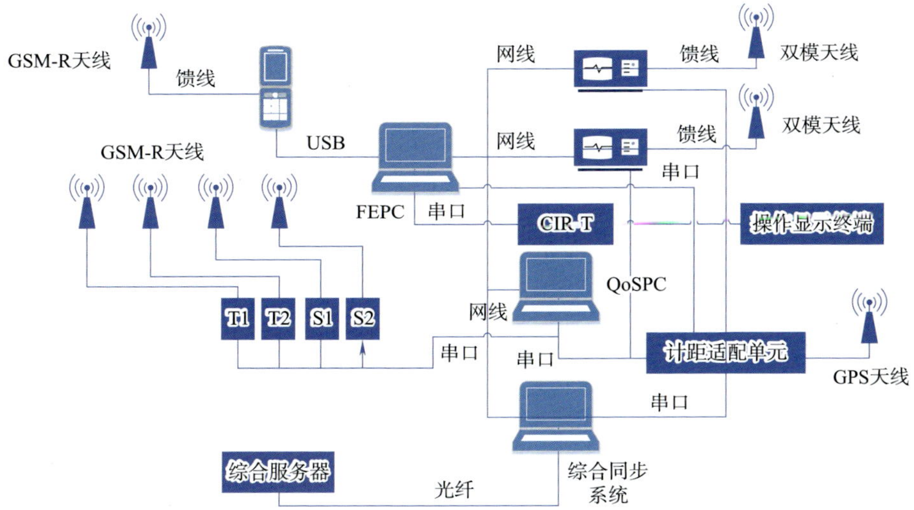

图 2-6　通信检测系统组成示意

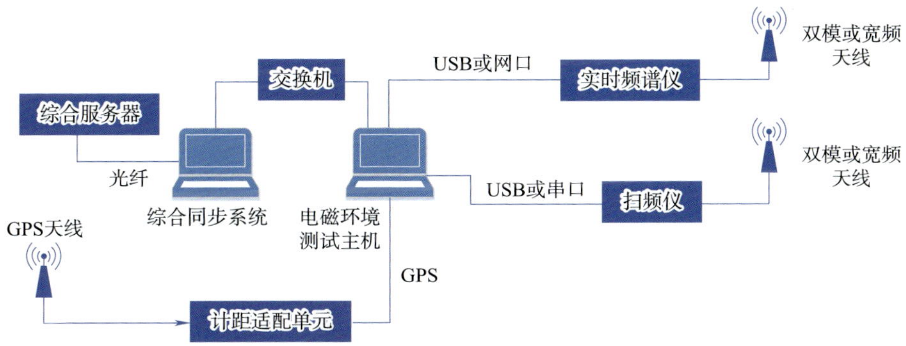

图 2-7　电磁环境测试示意

使用高速综合检测列车每月对各高铁线路GSM-R网络场强覆盖和服务质量进行全面检测，对各条高铁线路检测数据结合地面接口监测数据和网管数据进行综合分析，向维护部门提供网络优化建议。对于新建高速铁路，高速综合检测列车通信检测系统还要承担GSM-R网络开通前的联调联试网络优化工作。

2.3 硬件构成

2.3.1 机柜布置

通信检测系统主要由场强覆盖测试子系统、服务质量测试子系统、应用功能测试子系统、计距适配子系统、天馈子系统等单元构成。机柜内布置如图2-8所示。

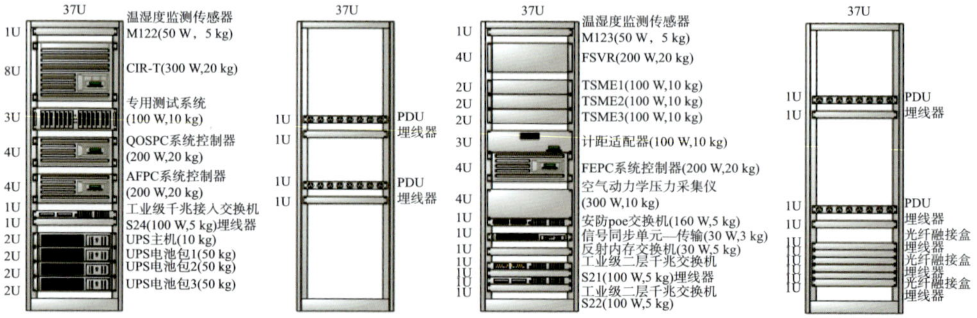

(a) 4号机柜正面　(b) 4号机柜背面　(c) 5号机柜正面　(d) 5号机柜背面

图 2-8　通信检测系统机柜布置

2.3.2 传感器布置

通信检测系统传感器主要为车顶的检测天线，一般位于通信检测车车顶，以CRH380AJ-2808为例，其中450/900 MHz天线11副、宽频天线2副（7号和14号）、GSM-R/GPS组合宽频天线2副（8号和15号）。15副天线均安装在2车顶部，馈线通过车顶直接引入机柜内部。天线实际安装如图2-9所示，宽频天线频段如图2-10所示。

图 2-9　通信天线安装

7 号和 14 号天线						
Frequency	698～806	806～960	1 710～2 170	2 400～2 700	3 400～3 700	4 900～5 935
VSWR	1.8	1.5	1.5	1.5	1.5	1.5
Gain/dBi	5	5	7	9.5	8	8
8 号和 15 号天线						
Frequency	790～806	806～960	1 710～2 170	2 400～2 700	3 400～3 700	4 900～5 935
VSWR	1.8	1.5	1.5	1.5	1.6	1.7
Gain/dBi	5	5	7	9.5	8	

图 2-10　宽频天线频段

2.3.3　各子系统主要设备

1. 场强覆盖检测子系统设备

（1）测量接收机

测量接收机是接收并测量电场强度的仪表。现在采用TSME（无按钮和界面）通过配套的测试软件可以与计算机之间进行信息的交互，由计算机发送指令对其控制，同时将测量数据传送给计算机。测量接收机通过脉冲触发来进行数据采样。

测量接收机是场强测试的核心仪表，铁路各部门应用的种类很多，包括：早期的ESVB、ESH，现在使用的EB200、ESPI、524B、PR100、4404、S505、8300等。综合检测车和电务检测车多采用的是ESPI，随着通信的发展，部分检测车已更新为更为先进的TSME。测量接收机如图2-11和图2-12所示。

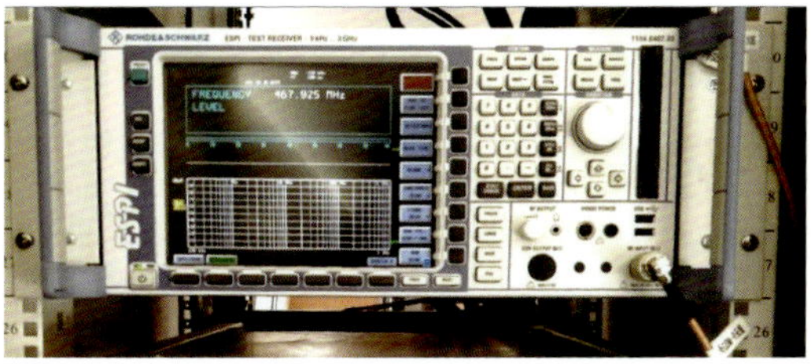

图 2-11　测量接收机（ESPI）

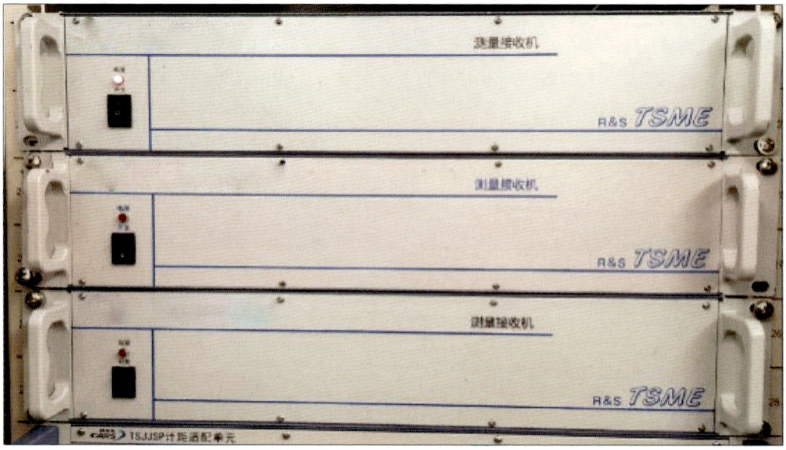

图 2-12　测量接收机（TSME）

（2）控发装置

控发装置主要用在450 MHz无线列调场强覆盖测试。20世纪90年代中期以前的场强测试都是采用人工控制车站台发射方式，测试期间每个车站都要有人进行发射。20世纪90年代中期北京、郑州铁路局改造了车站电台，开始了在检测车上进行自动控发测试。目前自动控发要求已写入标准，在很多路局都开始推行，节省了大量的人力。国铁集团有关标准规定，自动控发车站台发射频率为467.925 MHz。

在高速综合检测列车上，检测系统配置了450 MHz收发信机，测试软件根据数据库信息向车站台发送指令，控制车站台发送载频。为了保证通信不受干扰，全国不同铁路线分配了几组通信频率，每条线路的列车要根据所在线路使用的频率进行通信。对于控发设备来讲要根据所在线路调整发射频率起控车站电台。

自动控发要求为每个车站电台都分配一个地址码，根据两区间的距离长度和列车运行速度，计算出车站电台应该发射的时间长度（发射时间应该满足能够检测3/4的车站区间）。在到达所控车站时把车站地址和控发时间指令发送到车站。控发装置如图2-13所示。

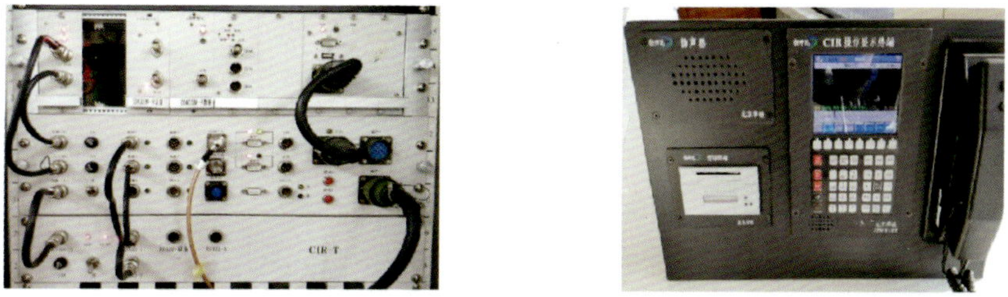

（a）控发装置CIR-T　　（b）控发装置CIR-T操作显示终端

图 2-13　控发装置

2. 服务质量检测子系统设备

（1）专用测试机箱

专用测试机箱是模块和测试工控机之间的重要桥梁，专用测试机箱为测试模块供电并进行指令和数据传输转换，其最多可放置7个模块，其中4个槽位支持信令输出。专用测试机箱对外提供多达11个RS-232串口，机箱从左至右分别为模块1-7，其中模块1～4支持信令输出，每个模块提供2个RS-232接口，分别为控制端口和信令端口，便于测试工控机对测试模块下达测试指令，并接受测试数据。专用测试机箱如图2-14所示。

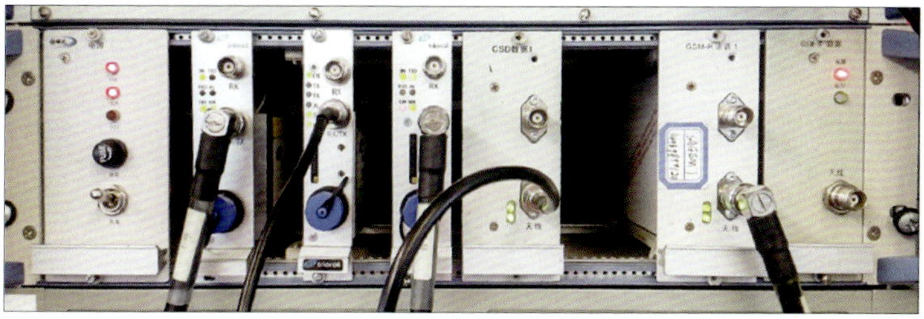

图 2-14　专用测试机箱

（2）测试模块

测试模块是服务质量测试必不可少的组成之一，现在使用的测试模块分为8 W和2 W测试模块，由于车载通信系统多为8 W设备，为了完全模拟车载通信现场使用情况，已全部使用8 W模块。

目前通信服务质量检测常用的8 W模块共有3种，分别为支持信令输出的TRIORAIL模块，不支持信令输出的SAGEM模块和CELLULAR模块等。常用测试模块如图2-15所示。

（a）TRIORAIL模块　　（b）SAGEM模块　　（c）CELLULAR模块

图 2-15　常用测试模块

（3）测试手机

测试手机主要进行的是GPRS分组域服务质量测试，功率为2 W，测试手机支持E-GSM频段，可外接天线进行测试。目前车上使用的测试手机多为OT890，如图2-16所示。

图 2-16　测试手机（OT890）

3. 电磁环境测试系统设备

（1）实时频谱仪

实时频谱检测就是利用实时频谱仪对现场电磁环境进行实时分析，实时显示当前电磁环境存在的信号以及信号在某一时刻的频率成分及相应幅度的变化。目前采用的实时频谱仪主要包含4种，如图2-17所示。其中车载设备多采用R&S的FSVR实时频谱仪，采用网口连接，便携式实时频谱仪多使用Tek的RSA603A实时频谱仪，采用USB连接。

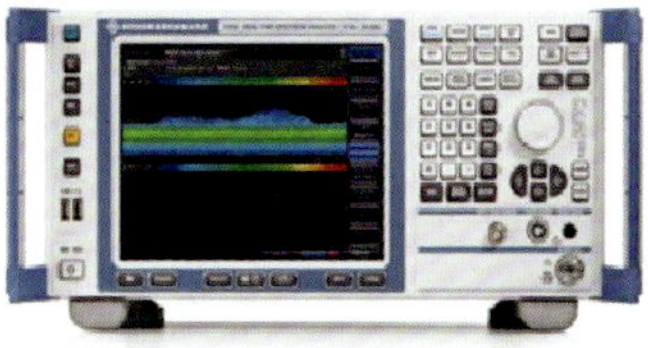

（a）R&S FSVR实时频谱仪

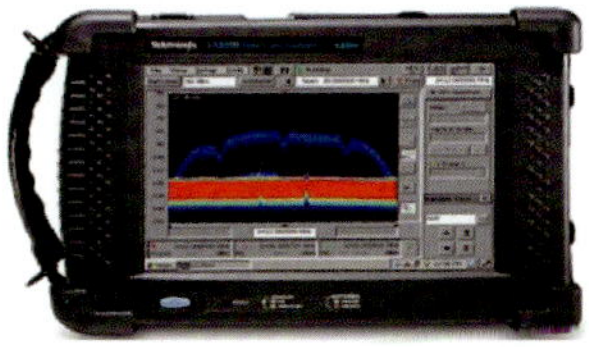

（b）Tek RSH500实时频谱仪

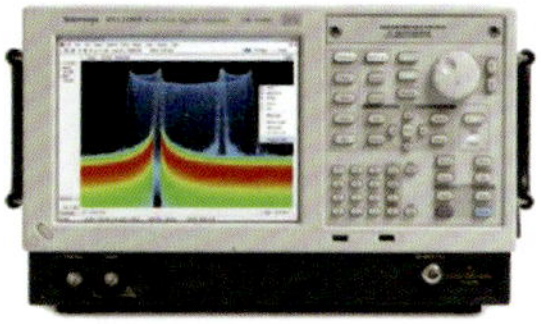

（c）Tek RSA5000实时频谱仪

（d）Tek RSA603A实时频谱仪

图 2-17　不同类型的实时频谱仪

（2）扫频仪

扫频检测通过扫频仪的射频前端和内置DSP处理器来快速准确地对空口进行扫描，从而实现对频带内所有可解调的空口信号的检测。扫频仪可以对各种通信标准信号进行测量。目前使用的扫频仪包含两种，如图2-18所示。扫频仪均为PCTEL，区别仅为新版本和旧版本，新版本多作为车载标准配置设备，采用USB口连接，旧版作为便携测试设备，采用串口连接。

（a）新版扫频仪

（b）旧版扫频仪

图 2-18　扫频仪

2.4 软件组成

2.4.1 无线场强检测

1. 设备配置

（1）测量接收机：TSME/ESPI。

（2）定位设备：同步/TAX箱/计距/GPS。

（3）电子地图。

（4）需要安装环境：.netframework3.5、.netframework4.0、office设备的配置方法如图2-19所示。

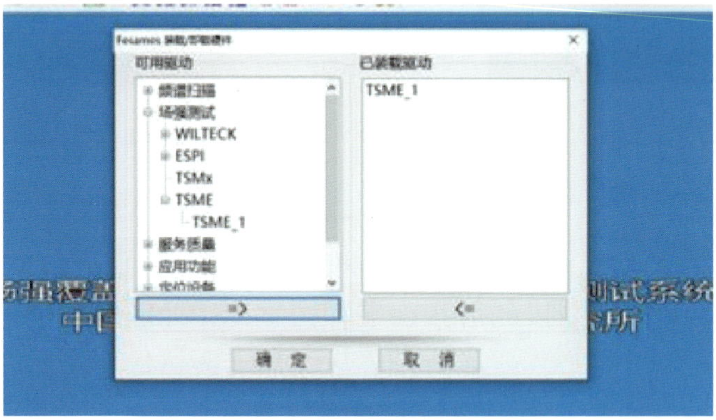

图 2-19 设备配置工作界面

2. 任务配置

在此项测试中，主要配置TSME/ESPI的测试任务，选择好对应的TSME/ESPI，并对其进行多任务测试点配置，同一设备可配置多项测试，任务配置工作界面如图2-20所示。进入任务配置对话框，单击“添加任务”，弹出添加任务对话框，选择对话框中测试点对应的任务配置Tab页。此对话框下各参数说明如下：

检波方式：GSM-R场强测试的检波方式应为有效值检波。

带宽：GSM-R场强测试时应为192 kHz。

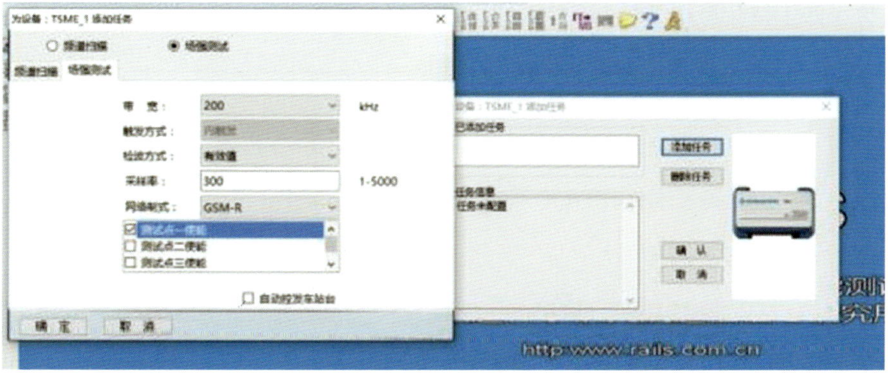

图 2-20　任务配置工作界面

触发方式：TSME/ESPI采集数据的触发方式，内触发为时间触发，外触发为外部距离脉冲触发，距离脉冲由计距适配器提供。

参数设置完成后单击“确定”，返回测试任务配置对话框。此时，对话框设备任务信息栏中将显示所添加任务的详细情况，单击“确认”，完成任务添加。

3. 测试过程视图

场强测试过程视图如图2-21所示，图中横坐标为公里标，纵坐标为接收电平值大小，曲线为接收电平值曲线，黑色粗竖线标注的位置为基站所在的公里标位置，竖线右边的名称为从数据库读取的基站名称，红色图标标注直放站的公里标位置。

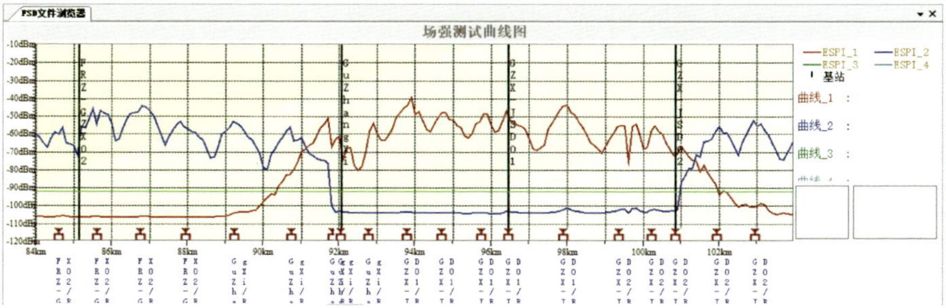

图 2-21　场强测试过程视图

2.4.2 电磁环境检测

1. 设备配置

（1）测量接收机：TSME或者实时频谱仪：FSVR。

（2）定位设备：同步/TAX 箱/计距/GPS。

（3）电子地图。

（4）需要安装环境：.netframework3.5、.netframework4.0、office设备的配置方法参照上一章节，选择频谱扫描即可。

2. 任务配置

在此项测试中，主要配置TSME或者FSVR的测试任务，配置参数说明如下：

名称：频谱的名称用户自行设定。

分辨率带宽：TSME或者FSVR扫频时的带宽分辨率，默认设置为30 kHz。

扫描起始频点：所设置频段的起始频点。

扫描截止频点：所设置频段的终止频点。

扫描中心频点：所设置频段的中心频点。

扫描频带宽度：所设置频段的带宽。

参数设置完成后单击“确定”，把扫描频段添加到频段列表中，也可通过“修改频谱”和“删除频谱”按钮修改和删除所选定的频段。采用相同的方式，可以添加多个扫描频段。

任务配置完成后。开始测试前请加载数据库和设定起始位置。

3. 测试过程视图

测试过程中的电磁环境的视图中横坐标为频点，纵坐标为干扰强度，如图2-22和图2-23所示，最上位置的蓝色曲线为干扰电平最大保持值，中间位置的绿色曲线为实时值，最下位置的红色曲线为干扰电平最小保持值。

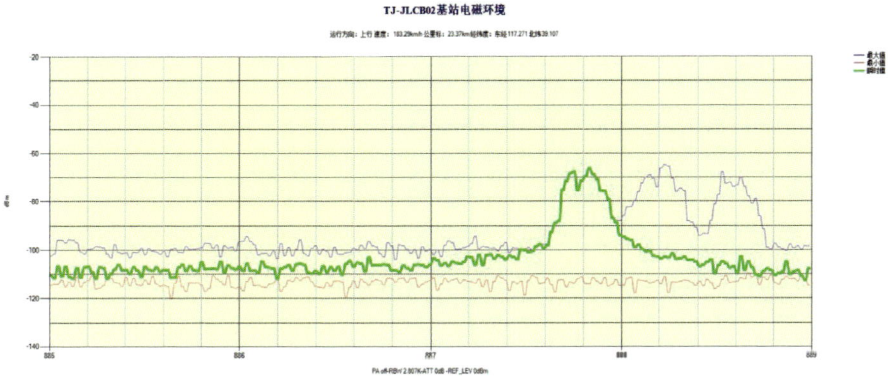

图 2-22　电磁环境测试过程视图 1

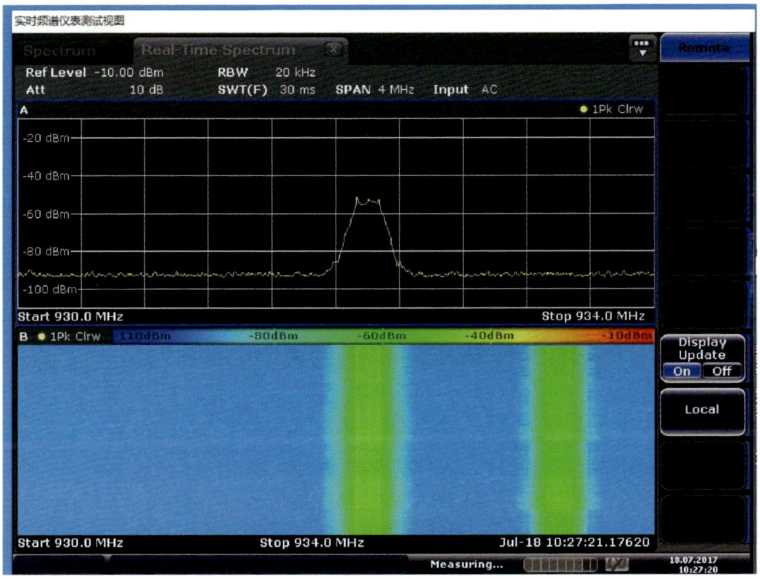

图 2-23　电磁环境测试过程视图 2

2.4.3　服务质量检测

1. 设备配置

（1）8 W模块（SAGEM、TRIORAIL等模块）。

（2）定位设备：同步/TAX 箱/计距/GPS。

（3）电子地图。

（4）需要安装环境：.netframework3.5、.netframework4.0、office。

进行QoS测试时，需放入具有语音或数据功能的SIM卡。8 W 模块主要进行语音短呼和数据业务测试，包括移动呼叫移动、移动呼叫固定、CSD连接建立时延、数据传输时延、GPRS传输时延、数据吞吐量等，8 W模块中TRORAIL模块能输出信令，所以在其测试过程中的视图可查看切换、测量报告、层二信令、层三信令等，如图2-24所示。

图 2-24　服务质量硬件设备配置

2. 设备任务配置

在此项测试中，主要配置模块的测试任务，进入测试任务配置对话框，单击“添加任务”，弹出“添加任务”对话框，选择对话框中“拨打测试Tab页”，此对话框下各参数说明如下：

（1）拨叫号码：模块呼叫的FAS台或服务器号码，需用户自行输入。

（2）最大允许接入时间：呼叫开始到呼叫建立的最大允许时间，默认为20 s。

（3）呼叫持续时间：测试手机呼叫建立成功后保持通话的时间，默认为5 s，短呼测试时此项参数有效。

（4）呼叫间隔时间：此次呼叫开始与上一次呼叫结束的时间间隔。默认为30 s。

选择长呼测试复选框时，测试手机在呼叫建立成功后将一直保持通话状态，测试过程如有掉话，测试手机将自动重拨。取消长呼测试复选框时，测试手机将进行短呼测试，参数设置完成后单击“确定”，返回测试任务配置对话框如图2-25所示。此时，对话框设备任务信息栏中将显示所添加任务的详细情况，单击“确认”，完成任务添加。

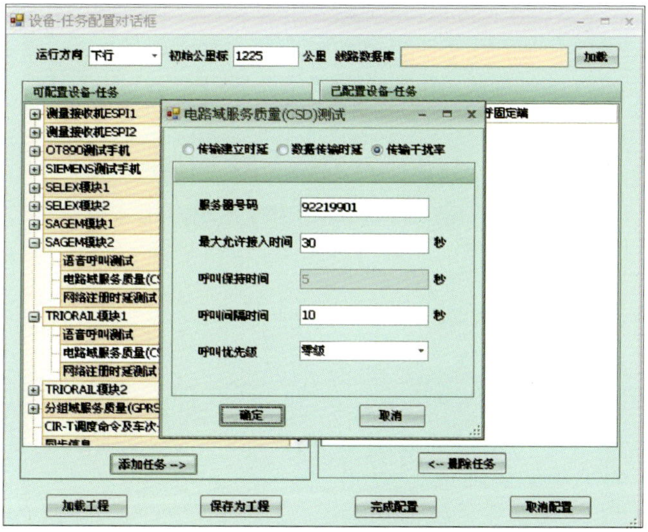

图 2-25　任务配置窗口

3. 测试过程视图

开始测试前加载数据库和设定起始位置，开始测试后，软件自动打开测试的所有视图。

（1）AT指令：记录测试软件控制模块进行呼叫时的一些操作，如图2-26所示。

（2）电平/话音质量/无线参数：如图2-27所示，图中给出了服务小区和相邻小区的实时电平、BCCH、通话质量、BSIC码和信道参数等信息。

图 2-26 AT 指令视图

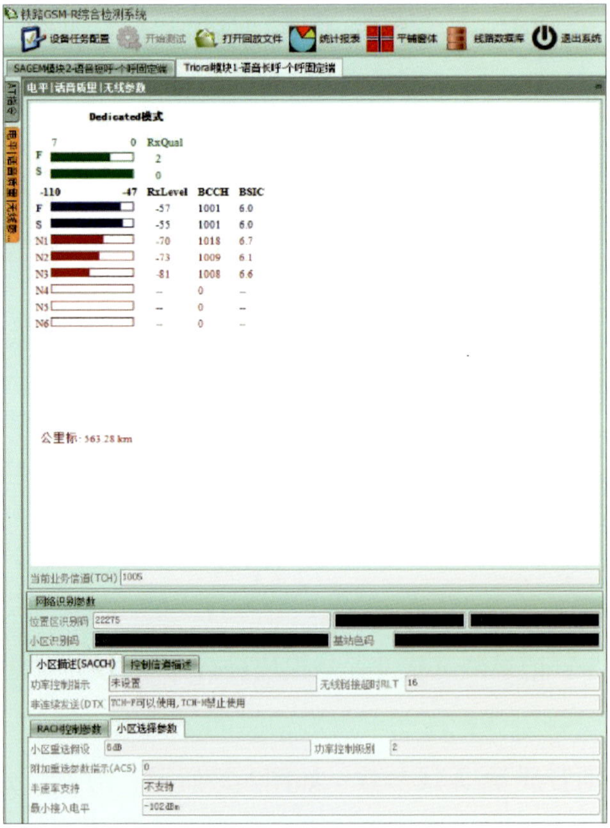

图 2-27 电平话音质量无线参数视图

（3）主界面视图：如图2-28所示，视图中绘出了服务小区以及相邻小区的电平曲线、基站的公里标位置和小区切换的公里标位置，服务小区和相邻小区的电平由测试手机的测量报告得到，各小区的电平用不同的颜色区分，在此视图下点击界面拖动鼠标至测试曲线上可查到小区的BCCH、电平值、*C*/*I*值、TA值以及通话质量值。

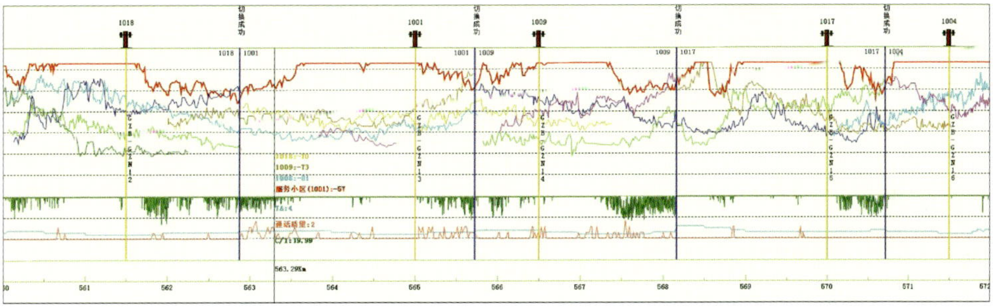

图 2-28　主界面视图

（4）通话记录列表：此列表中记录呼叫次数，如图2-29所示。

语音长呼记录列表 | 切换记录列表 | 语音质量分小区统计列表 | 层二信令 | 层三信令

呼叫次数	开始时间	连接时间(ms)	结束时间	被叫号码	长呼事件	开始里程(Km)	结束里程(Km)

图 2-29　天馈线测试仪及校准件实物图

（5）切换记录列表：列表中详细记录了每次小区切换的开始和结束时间、开始和结束的公里标位置、开始和结束的经纬度、切换结果和切换执行时间，如图2-30所示。

语音长呼记录列表 | 切换记录列表 | 语音质量分小区统计列表 | 层二信令 | 层三信令

序号	切换结果	切换时间	源BCCH	源BSIC	目标BCCH	目标BSIC	开始公里标	结束公里标	开始时间戳	结束时间戳
6	切换成功	218	1004	6.3	1008	6.4	572.39	572.40	13:12:39 953	13:12:40 171
5	切换成功	219	1017	6.2	1004	6.3	570.71	570.71	13:11:05 843	13:11:06 62
4	切换成功	219	1009	6.1	1017	6.2	568.15	568.16	13:10:00 296	13:10:00 515
3	切换成功	235	1001	6.0	1009	6.1	565.71	565.72	13:08:59 140	13:08:59 375
2	切换成功	219	1018	6.7	1001	6.0	562.86	562.87	13:08:02 968	13:08:03 187
1	切换成功	203	1016	6.0	1018	6.7	559.92	559.93	13:06:44 468	13:06:44 671

切换次数：6，成功次数：6，切换成功率：100.00%，最大时间：235ms，最小时间：203ms，平均时间：218ms。

图 2-30　切换记录列表

（6）话音质量分小区统计列表：列表中分别统计了经过的每个服务小区通话质量（0～7级）各级的百分比以及所有经过的服务小区通话质量（0～7级）各级总的百分比，如图2-31所示。

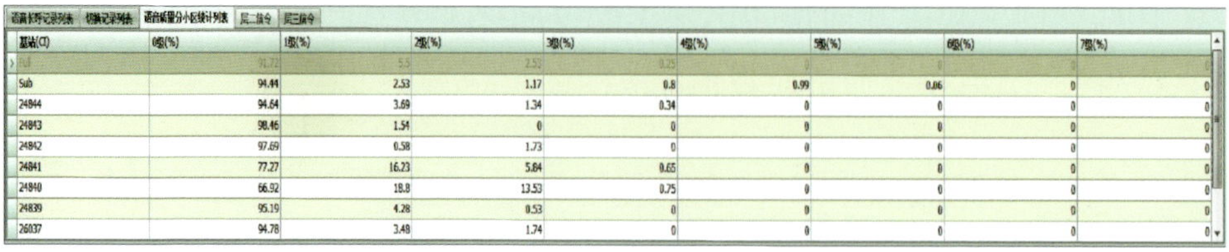

图 2-31　话音质量分小区统计列表

（7）层二和层三信令列表：列表中列出了模块输出的层二和层三信令详细信息，如图2-32所示。

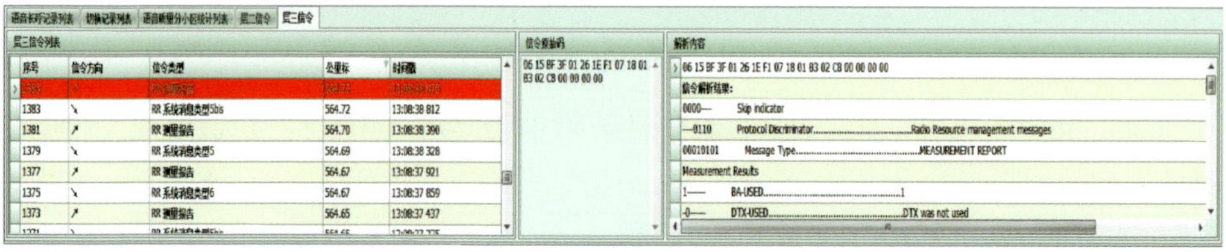

图 2-32　层二和层三信令列表

2.5　系统标定

通信检测系统标定，主要依据《检测车通信检测系统标定方法》（Q/CR 631—2018）执行。

2.5.1　天馈线系统标定

天馈线系统标定，所用仪表为天馈线测试仪。将天馈线测试仪按照所测试天馈线频段设置好后，使用仪表自带校准件进行校准，待校准有效后断开校准件，连接需要测试的天馈线进行测量，记录测量数据，天馈线测试仪照片如图2-33所示。

图 2-33　天馈线测试仪及校准件实物

2.5.2　模块及测试手机标定

各测试模块及测试手机标定，所用仪表为综合测试仪。标定模块时需要打开连接模块的工控机，打开串口调试助手，用对应的串口连接模块，用综合测试仪和模块接天线处航插连接，综合测试仪选择自动测试来模拟基站及通信过程，综合测试仪显示请接听且串口调试助手上波特率正确时，工控机中的串口调试助手会显示Ring（如果是乱码，请切换波特率，直至显示Ring），在串口调试助手界面输入“AT”指令并回车，此时综合测试仪进入自动测试，当综合测试仪显示请拨“12345”，通过串口调试助手输入“ATD12345；”指令并回车，综合测试仪继续自动测试，测试一定时间后会出现“挂断”指令，此时串口调试助手中输入“ATH”指令并回车，测试过程结束。综合测试仪中选择测试完成的信道，记录测试后的需求数据。

测试手机标定时，等同于模块标定，唯一区别为模块测试时因为模块自身没有操作界面需要用工控机模拟操作环境，测试手机标定时在手机上直接按键接听、拨打号码及挂断操作即可。

综合测试仪和模块连接如图2-34所示。

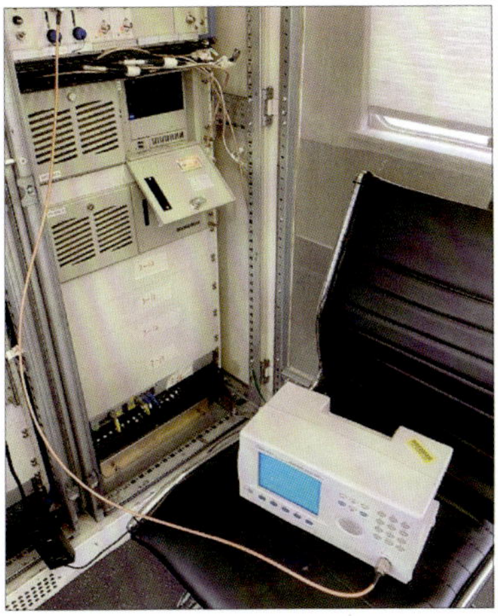

图 2-34　综合测试仪和模块连接

2.5.3 场强系统标定

场强系统标定，首先需要保证所标定系统中的测量接收机已经过国家计量科学研究院校准，且校准证书在有效期范围内。打开测量接收机、场强工控机及标准信号源，连接标准信号源及测量接收机，打开位于场强工控机中的检测软件来读取数据（读取数据前按照要求把软件根目录下Config文件复制出来，相应更改统计概率，如测试95%统计概率时配置中改为95%，如测试50%统计概率时配置中改为50%），读取467.925 MHz还是932 MHz测试值时软件加载相应的450 MHz和900 MHz测试项目，按照标定方法中的要求数值在标准信号源中发送对应数值，软件中显示数值记录在表格中，每发送一组记录10个数，统计并汇总数据。

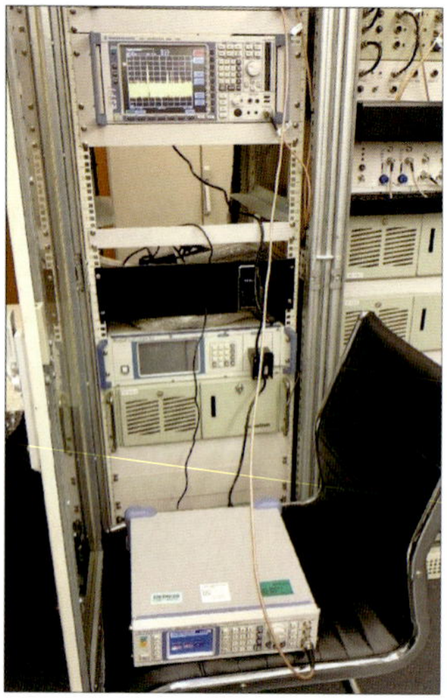

图 2-35 标准信号源和测量接收机连接

标准信号源与测量接收机连接如图2-35所示。

2.6 常见设备故障及处理方法

通信检测系统安装于综合检测车和电务检测车上，检测过程中，车辆一直在运行，因此测试系统难免会遇到各种各样的问题，本节整理了在检测过程中可能遇到的问题，并提供应急处理方法。

2.6.1 硬件故障

通信检测系统使用多种设备配合测试，硬件故障主要发生在设备之间连接或设备本身，下面介绍几种在工作中遇到的问题。

1. UPS异常

UPS异常表现在两个方面，一是无输入，二是无输出。UPS的启动和关闭严格遵守操作顺序，即开机时先开输入后开输出，关机时先关输出后关输入。

无输入时：

（1）检查输入开关是否打开。

（2）UPS液晶指示面板是否提示出错。

（3）询问其他专业车载受电弓是否升起。

（4）请随车机械师检查车厢供电开关是否打开或跳闸。

无输出时：

（1）检查输出开关是否打开。

（2）UPS是否正常启动，UPS是否出现警报声。

（3）检查机柜内部PDU开关是否打开。

2. 工控机启动故障

工控机无法启动多出现在刚上车开始测试时，由于车体晃动，导致内存条松动、硬盘出现坏道或者显示器连接线松动。排查此类问题时执行以下步骤：

（1）检查各种连接线是否松动，重新紧固电源和显示器连接线。

（2）观察工控机电源指示灯是否正常。

（3）观察硬盘指示灯是否正常。

（4）硬盘指示灯不亮，多为内存条故障，需要打开工控机，重新紧固内存条。

（5）硬盘指示灯常亮，多表现为系统故障，需要修复或者还原系统。

（6）硬盘有异响，多为硬盘有坏道，需要及时更换硬盘。

3. 测量接收机故障

测量接收机是测试过程中经常出现故障的设备之一，多表现在无法连接，无法启动，测试过程中丢失，测试值不准确等。大多数问题可通过重启测量接收机和测试工控机解决。

（1）无法连接时，检查网线是否正常，检查IP地址是否正常，利用Ping命令查看网络是否通畅。

（2）无法连接时，检查测量接收机（ESPI）的内部系统是否正常，ESPI内部是Windows系统，连接鼠标查看网卡是否正常。

（3）无法启动时，根据启动界面判断异常位置，无启动界面和按开机无反应，多为ESPI硬件故障；可启动到内部Windows系统，无法启动软件时，需要恢复ESPI。

（4）测试过程中丢失测量接收机，多为网络故障，多数情况下重启即可解决。

（5）测试值不准确，一方面先检查天馈线是否正常，另一方面判断为测量接收机前置放大器故障，需要返厂维修。

ESPI恢复教程如下：

按下左下角的电源键，进入图2-36（a）界面，快速按屏幕右侧的“向下”箭头，选择Analyzer Firmware Backup，等待进入图2-36（b）界面后，按下数字键“2”，自动进入恢复过程见图2-36（c），恢复完毕后需要重新设置IP地址。

界面（a）　　界面（b）　　界面（c）

图 2-36　ESPI 恢复

4. 测试模块故障

模块故障多表现在无法连接、测试过程中告警、测试结果偏差较大等。

（1）对于模块首先要检查测试SIM卡是否安装，天馈线连接是否正常。

（2）无法连接时，检查串口线是否正常，串口是否对应上，测试专用机箱供电是否正常。

（3）测试过程中告警，如TRIORAIL模块的AL指示灯标红，或者SAGEM模块的指示灯标红等，此种现象多为模块过热导致，重启即可恢复。

（4）测试结果偏差较大，此问题需要先检查天馈线是否正常，再利用综合测试仪判断模块性能是否正常。

2.6.2 软件故障

1. FESAMES软件故障

（1）打开软件时提示过有效期或没有绑定硬件，需及时联系厂家修复。

（2）配置测量接收机或者模块时，提示驱动无效，需及时联系厂家修复。

（3）无法连接测量接收机，检查Config文件中测量接收机IP地址是否填写正确。

（4）测试结果偏差较大，检查Config文件中损耗值填写是否正常。

（5）无法加载综合系统里程信息，需检查Config文件中“同步里程”一栏中，本地IP地址和端口号是否填写正确。

（6）无法添加模块时，需检查Config文件中各个模块的串口号是否对应。

2. GNetSystem软件故障

GNetSystem测试软件仅用于服务质量测试。

（1）无法打开测试软件，需检查软件运行环境是否安装，如Office办公软件，DX软件等。

（2）无法配置模块，需检查Config文件中各个模块的串口号是否对应。

（3）无法加载综合里程信息，需检查Config文件中“同步里程”一栏中，本地IP地址和端口号是否填写正确。

（4）测试软件闪退或者卡死，此为软件问题，需要记录并报备。

2.6.3 其他类型故障

1. 无法接收综合里程

无法接收综合里程分为外部原因和内部原因，外部原因为综合里程服务器故障，不做讨论。内部原因主要一方面为反射内存卡或者转口转发模块故障，可通过更换设备解决。另一方面为反射内存卡驱动故障或丢失，导致无法接收转发综合里程。

2. 呼叫不通

做服务质量测试时经常出现呼叫不通的现象，整理出来的几个呼叫不通案例如下：

（1）地面服务器故障，此现象较为常发，若当前车辆呼叫不通或者长呼时总是主动挂断，需及时联系其他检测车人员，询问他们是否同样出现此现象。

（2）测试SIM卡使用不当，测试SIM卡分为语音卡和数据卡，语音卡只能做语音长呼和短呼，数据卡只能做CSD测试，而且数据卡只能呼叫地面服务器，不能相互呼叫或者呼叫FAS台。

（3）某些路局集团公司没有做路由转发，如南宁局集团公司、昆明局集团公司和哈尔滨局集团公司等部分线路无法呼叫北京地面服务器。

（4）测试数据库中，在FAS号码和CSD号码一栏中填入了号码，导致软件读取数据库中的号码进行测试。

若北京地面服务器呼叫不通时，可选择本路局集团公司或相邻路局集团公司号码呼叫。

第3章 通信检测作业

3.1 硬件操作

3.1.1 检测系统上电和去电

为保证通信检测系统的稳定性，整个系统均由UPS（不间断电源）进行供电，目前每个车的UPS种类、型号、安装位置均有所差别，但所有的UPS启动和关闭顺序遵循一个原则，即：

上电：UPS供电输入→UPS启动→UPS电源输出→测试系统电源输入。

去电：测试系统电源关闭→UPS电源输出关闭→UPS关闭→UPS供电关闭。

部分UPS截图如图3-1所示。

（a）UPS类型1　　（b）UPS类型2　　（c）UPS类型3

图 3-1　部分 UPS 截图

3.1.2 检测系统设备运行及调试

1. 场强检测系统的运行及调试

场强和电磁环境检测系统由测试工控机（FEPC）、测量接收机（ESPI/TSME）、CIR-T和CIR操作显示终端组成，设备连接如图3-2所示。测试工控机通过交换机由网络控制测量接收机，通过串口控制CIR-T完成测试和存储功能。

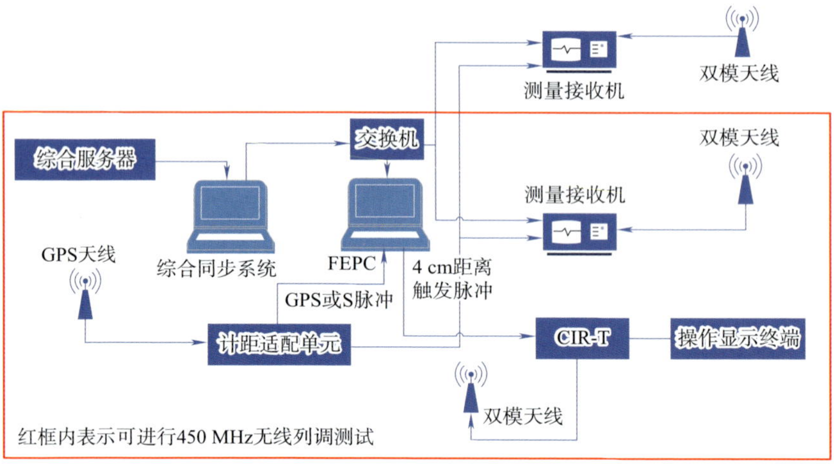

图 3-2 场强测试连接示意

场强检测分为GSM-R场强检测和450 MHz无线列调场强检测，GSM-R场强检测由FEPC、2台ESPI和2套天馈线组成，对于CTCS-2线路，完成一行方向（上行或者下行）测试，即可满足测试需求，对于CTCS-3线路，上行和下行需完整测试，才可满足测试需求，为保证数据完整性，要求CTCS-2或者CTCS-3线路上下行均进行测试。450 MHz无线列调测试由FEPC、1台ESPI、2套天馈线、CIR-T和CIR操作显示终端组成。测试开始前，需要在CIR操作显示终端中对CIR-T进行设置，设置方法如下：

（1）选择界面上设置按键。

（2）在键盘上用方向键选择2，运行区段，然后确定。

（3）选择当前所在铁路局。

（4）选择启动频路，不需要对应线路，只需要选择正确控发频率。

完成以上操作后，由FEPC通过COM1控制CIR-T进行控发，FEPC控制ESPI接收，完成450 MHz的无线列调测试，CIR配置示意图如图3-3所示。为了不影响车站台正常联控，测试采用离站测试，即车辆离开车站后，开始起控，到2个车站中间位置（半区间）停止控发，准备下一站起控。由于1个方向只测试半区间，因此需完整测试2个方向的场强覆盖。

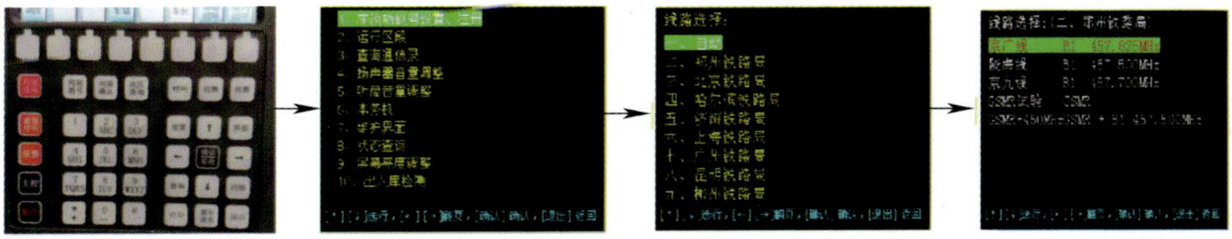

图 3-3　CIR 配置示意

2. 服务质量检测系统的运行及调试

GSM-R服务质量测试分为语音服务质量测试，列控类CSD数据传输服务质量测试和GPRS分组数据传输服务质量测试。硬件设备组成有服务质量测试工控机（QoSPC）、综合同步系统、多串口卡、GSM-R测试模块、OT890测试手机、天馈线和地面测试服务器。设备连接如图3-4所示。

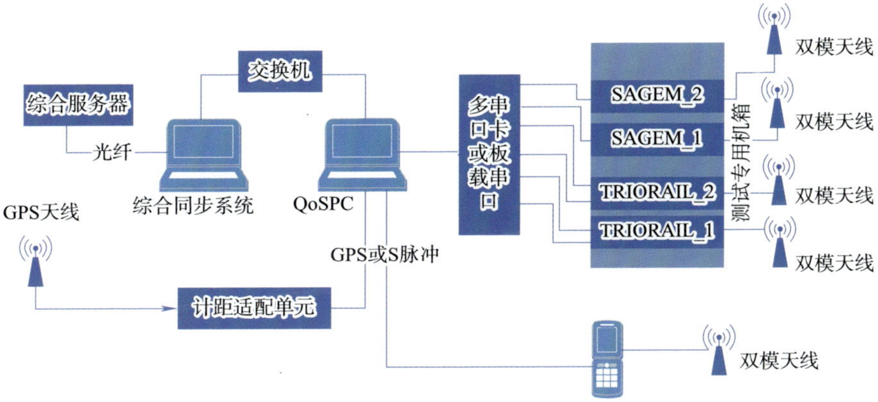

图 3-4　服务质量测试连接示意

GSM-R测试模块安装在专用测试单元中，由QoSPC通过串口控制模块完成测试。测试之前需在模块中安装专用测试SIM卡。

GPRS分组数据传输服务质量测试由测试工控机和OT890测试手机完成，OT890安装于计距适配器右侧，通过USB接口和测试工控机连接，USB和天线接口在计距适配器后侧。测试之前，需要安装OT890驱动并做好相应配置工作，具体操作如下：

将测试SIM卡（语音卡）插入OT890，并通过USB线将测试手机连接至电脑，OT890配置如图3-5所示。在桌面“计算机”上右键“管理”，在左侧一栏选择“设备管理器”，右侧一栏中，“其他设备”里会有两个带感叹号的设备名称，若没有，检查是否有“调制解调器”这个选项，如果有表示以前已经安装了驱动，可以直接用。如果以上2个选项都没有，检查手机是否开机或者USB线是否正常，多试几个USB口。在桌面“计算机”图标上，右键选择“管理”，在弹出的对话框里，左侧选择“设备管理器”，右侧“调制解调器”里选择“USB Mobile……Modem”,注意，是Modem结尾，而不是Trace结尾。

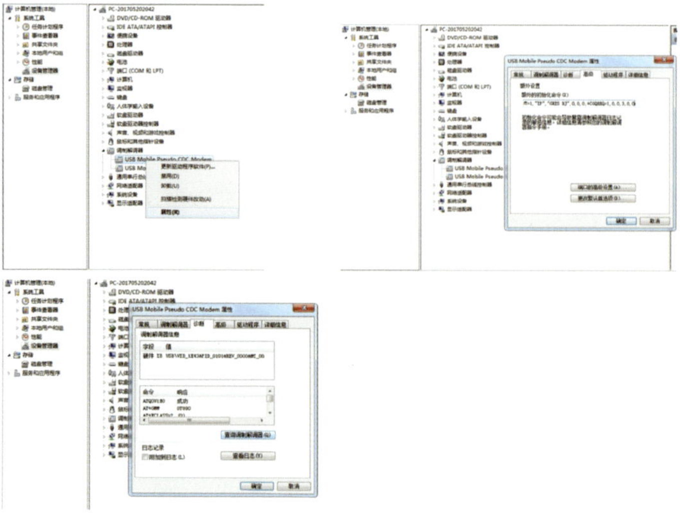

图 3-5　OT890 配置

在弹出的对话框里，选择高级，在额外的初始化命令里填入“&K3+CGDCONT=1,"IP","GRIS.BJ",0,0,0;+CGQREQ=1,0,0,3,0,0”，注意，要使用英文输入法。填完初始化命令后，选择诊断，点击查询调制解调器，若显示成功，表示可以使用了，若不行，可以多试几次。

3. 电磁环境检测系统的运行及调试

电磁环境检测系统分为实时频谱检测和扫频检测，硬件设备组成主要包括测试主机1台，一般为便携式笔记本电脑，便携实时频谱仪1台，扫频仪1台和若干连接线。测试时需要将测试主机连接至通信检测系统局域网内，用于接收综合里程信息。部分检测车已配置车载实时频谱仪和扫频仪，测试时需要提前配置测试环境和测试软件。

（1）实时频谱仪硬件连接

计算机与实时频谱仪采用网口或USB口进行数据传输，每个仪表外置阻抗为50 Ω的N行母头，一般标签为RF In，连接至车载天线。开机后无需对仪表进行操作，直接由软件配置完成。需要注意的是，RSA603A只有正确安装驱动，且通过USB连接至计算机后，电源指示灯才亮。两个便携设备中，RSH500可外接电源或使用内置锂电池测试，而RSA603A只能外接电源进行测试。

（2）扫频仪硬件连接

旧版扫频仪连接较为简单，仪表出来一个RS-232接头，分出2根线，一根连接计算机串口进行数据传输，另一根为电源线。RF In接头通过转接线连接至车载天馈线。新版扫频仪面板较为复杂，一根USB线连接至仪表前面板的USB中进行数据传输，RF1数据接收无线信号，开关控制供电，电源线位于后面板中。

3.2 软件操作

3.2.1 场强测试软件操作

（1）软件启动

双击“FESAMES.exe”，启动FESAMES软件如图3-6所示，数秒后进入软件主界面如图3-7所示。软件在启动过程中将检测硬件信息或软件有效期，只有硬件信息正确或者软件在有效期内才能完成相应的测试功能，否则启动完成后软件只具备数据回放和数据处理功能。

图 3-6　FESAMES 软件启动

图 3-7　FESAMES 软件主界面

（2）设备配置

单击工具栏中设备配置按钮或单击菜单栏“配置”菜单，在其下拉菜单中选择“硬件配置”，弹出设备配置对话框如图3-8所示。

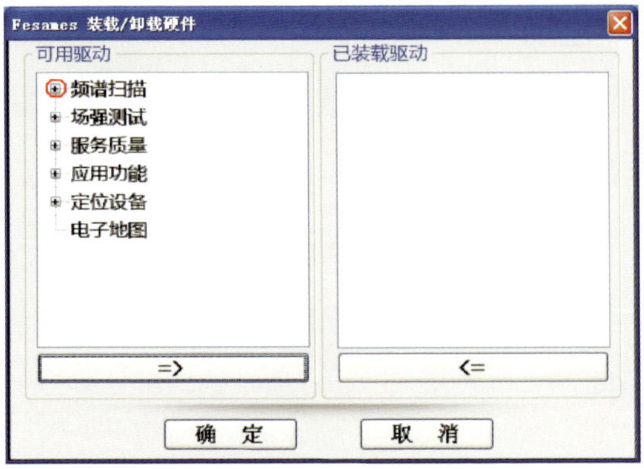

图 3-8　设备配置对话框

图3-8圆圈中标识的“+”号隐藏了可配置设备的名称，单击“+”号展开可配置设备的详细列表，在列表中选中需要配置的设备名称，单击下方的配置按钮 => 即可配置此设备，同时已配置的设备也可点击撤销按钮 <= 取消配置，配置成功的设备名称将被添加到菜单栏“配置”的下拉菜单中。设备配置如图3-9所示，实例中只展示了ESPI_1的配置过程，其他设备的配置过程与此类似，各设备的详细测试功能可参照表3-1。

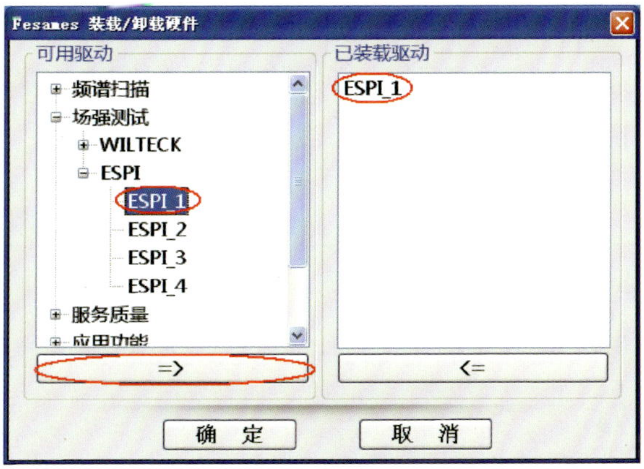

图 3-9 设备配置

表 3-1 设备测试功能

项目	设备名称	设备类型	测试功能
场强测试 服务质量	ESPI/TSME	测量接收机/频谱分析仪	GSM-R和450 MHz无线列调场强覆盖测试
	OT 890	测试手机	（1）拨号登录GPRS； （2）Ping、UDP和FTP测试
	SAGEM MRM	8 W测试模块（不带信令）	（1）GSM-R语音QoS测试，包括移动呼叫移动、移动呼叫固定、固定呼叫移动、组呼、紧急呼叫等测试； （2）CSD数据QoS测试，包括连接建立、传输干扰率、传输时延、网络注册时延等测试； （3）SAGEM模块也可拨号登录GPRS； （4）测试过程中还需根据模块所配置的SIM卡分配其功能

续表

项目	设备名称	设备类型	测试功能
场强测试服务质量	TRIORAIL	8 W测试模块（带信令）	（1）GSM-R语音QoS测试，包括移动呼叫移动、移动呼叫固定、固定呼叫移动、组呼、紧急呼叫等测试； （2）CSD数据QoS测试，包括连接建立、传输干扰率、传输时延、网络注册时延等测试； （3）测试过程中还需根据模块所配置的SIM卡分配其功能
应用功能	CIR-T	机车综合无线通信测试设备	完成450 MHz场强测试时车站台的自动控发
定位设备	同步	定位装置	获得距离、公里标、速度和经纬度信息
	TAX箱		
	计距		
	GPS		
电子地图		显示控件	显示电子地图、列车运行轨迹、标注事件等

在设备配置过程中，系统自动检测所配置设备与系统控制器的连接，只有当所配置的测试设备正常开启并且与系统控制器的连接正常时，此设备才能被配置成功。

（3）设备任务配置

在设备配置成功后，只有给设备配置一定的测试任务后，才能开始测试。

单击菜单栏上的“配置”菜单，在其下拉菜单中可以看到所配置的设备名称，单击设备名称就可弹出此设备的任务配置对话框，在任务配置对话框中可以对设备的测试任务以及测试参数进行设置，设置完成后，单击“确定”即完成了设备的任务配置，如图3-9所示，在配置ESPI_1成功后，可以在菜单栏上的“配置”菜单的下拉菜单中看到所配置的设备名称“ESPI_1”如图3-10所示，单击“ESPI_1”可弹出ESPI_1的任务配置对话框如图3-11所示，单击对话框中添加任务按钮，设置设备测试参数和测试任务如图3-12所示，设置完成后，单击“确定”，即可完成此设备的任务配置如图3-13所示。

图 3-10　“配置”下拉菜单

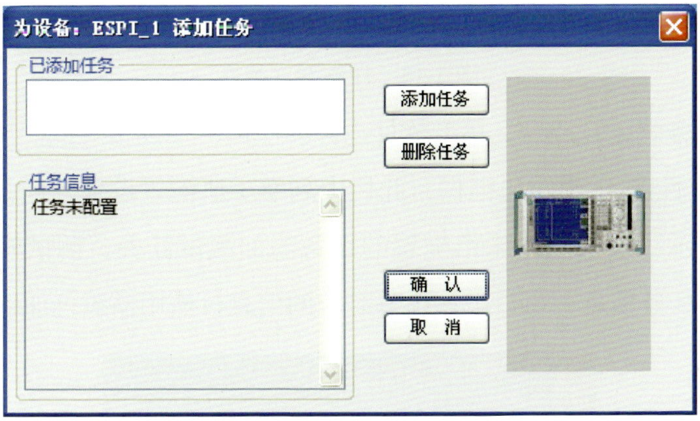

图 3-11　ESPI_1 任务配置对话框

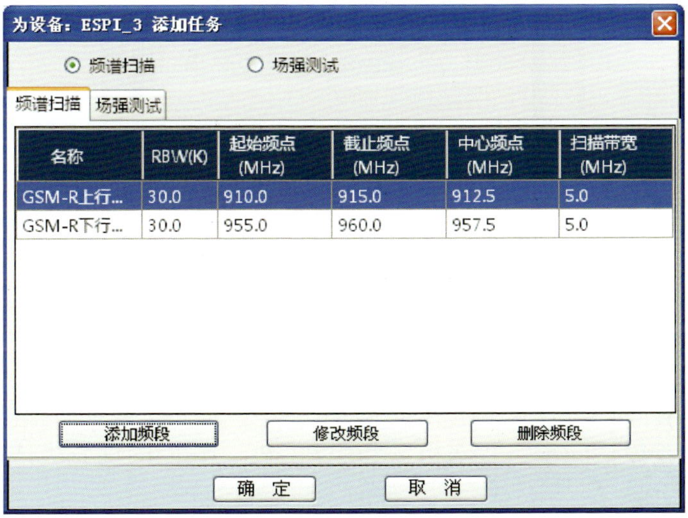

图 3-12　设备测试任务和测试参数设置

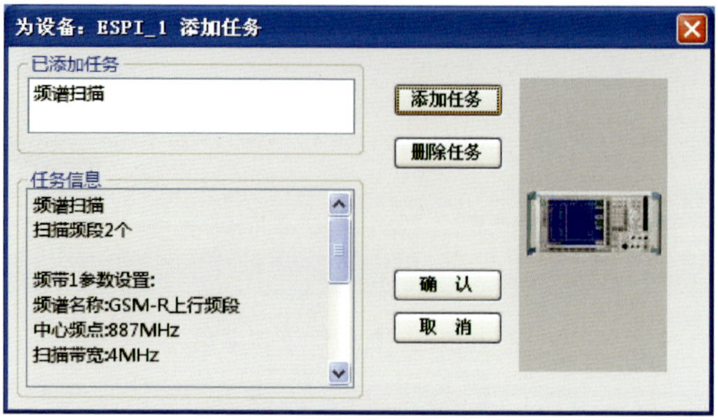

图 3-13　任务配置结果

设备任务配置完成后，单击软件主界面左侧的“设备 性能 里程”按钮，弹出“设备 性能 里程”边框栏，此栏中列举了所配置设备的任务添加情况，如图3-14所示。如果用户未给配置的设备添加测试任务，测试将无法启动，此时“设备任务信息”窗口中该设备对应的信息行使用橘黄色加以标注。

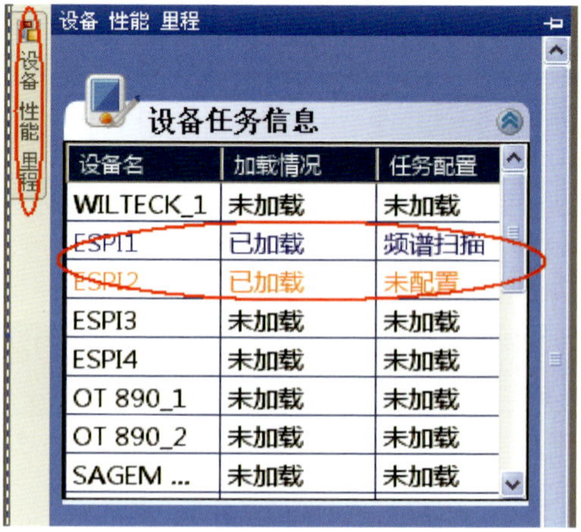

图 3-14　设备任务信息窗口

（4）定位设备选择

定位设备包括同步、TAX箱、计距和GPS，它们的优先级依次递减，测试时可同时配置多个定位设备，当同时配置多个定位设备时，如果其中有一个设备故障，系统会自动切换到下一优先级的设备。

使用电子地图时必须配置能输出经纬度信息的定位设备（同步或GPS）才能实时显示列车行驶的位置。

TAX箱和计距输出的定位信息中不包含经纬度信息，如果测试过程中需要经纬度信息须配置GPS。

配置同步时，须在配置前打开时空校准软件时空校准.exe 接收高速综合检测列车综合系统发出的定位信息，同步输出的定位信息中可能不包含经纬度信息，如果测试过程中需要经纬度信息须配置GPS。

（5）测试工程的建立和加载

完成设备和测试任务配置后，可以把设备和任务配置信息保存为测试工程，下次要使用相同的设备和测试任务配置时可直接加载测试工程，在加载测试工程后还可以修改测试工程得到新的配置，修改操作与配置操作类似。

完成设备和测试任务配置后，单击菜单栏上“文件”菜单，选择其下拉菜单中的“保存工程”菜单即可保存测试工程，如图3-15所示。

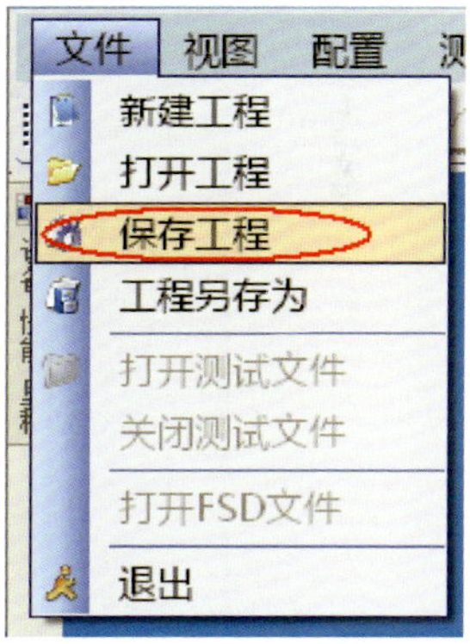

图 3-15　测试工程保存菜单

单击菜单栏上“文件”菜单，选择其下拉菜单中的“打开工程”菜单即可加载测试工程，修改测试工程后也可选择下拉菜单中的“工程另存为”把修改后的工程另存为新的测试工程。

（6）线路数据库加载

单击工具栏中线路数据库加载按钮或在菜单栏单击“数据库”菜单，选择其下拉菜单中的“线路数据库”菜单如图3-16所示，在弹出的线路数据库打开对话框中选定线路数据库文件如图3-17所示，单击“打开(O)”按钮即可加载线路数据库。

（7）测试开始

测试分为开始测试和开始录制两种方式。开始测试是指软件开始测试，但测试过程中不保存测试数据；开始录制是指软件在开始测试的同时也开始存储测试数据，测试的整个过程中软件将实时存储测试数据直至测试停止。

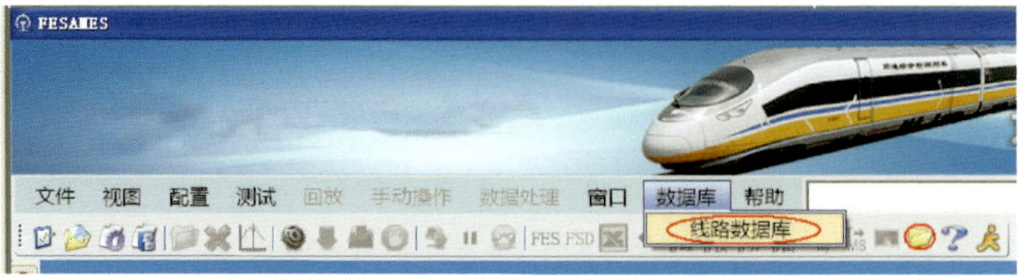

图 3-16　线路数据库加载菜单

图 3-17　线路数据库文件选择

单击菜单栏上“测试”菜单，选择其下拉菜单中的“开始测试”或直接单击工具栏中的按钮便可开始测试，如图3-18所示，由于这种方式不存储测试数据，请谨慎使用。

图 3-18　开始测试菜单

单击菜单栏上“测试”菜单，选择其下拉菜单中的“开始录制”或直接单击工具栏中的按钮，如图3-19所示，此时会弹出保存测试数据文件的对话框，输入文件名后单击“保存”便可开始测试，如图3-20所示。

图 3-19　开始录制菜单

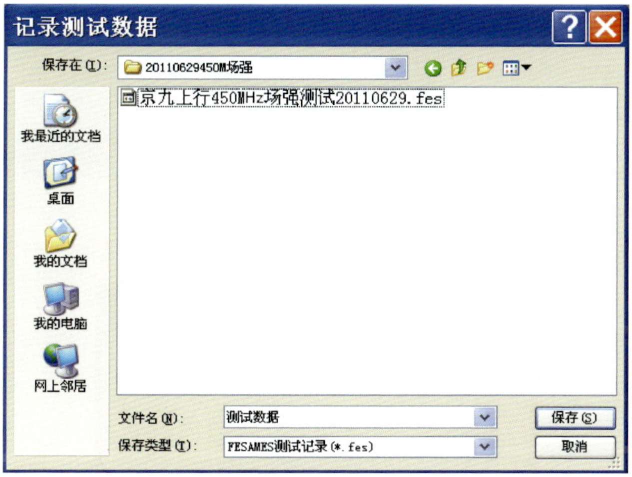

图 3-20　测试数据文件保存

（8）测试停止

单击菜单栏上“测试”菜单，选择其下拉菜单中的“停止测试”或直接单击工具栏中的按钮可停止测试，如图3-21所示。

图 3-21　停止测试菜单

起始公里标校准：测试开始前需要对系统的起始公里标和列车运行方向进行校准。在配置定位设备后单击菜单栏“配置”菜单在其下拉菜单中选择“定位设置”如图3-22所示，弹出设置位置信息对话框，在相应位置设置公里标和列车运行方向单击“确定”，即可完成设置，如图3-23所示。选择□ GPS参考点自动校准公里标复选框时，测试过程中系统将根据加载的线路数据库中的GPS参考点自动校准公里标。

图 3-22　定位设置菜单

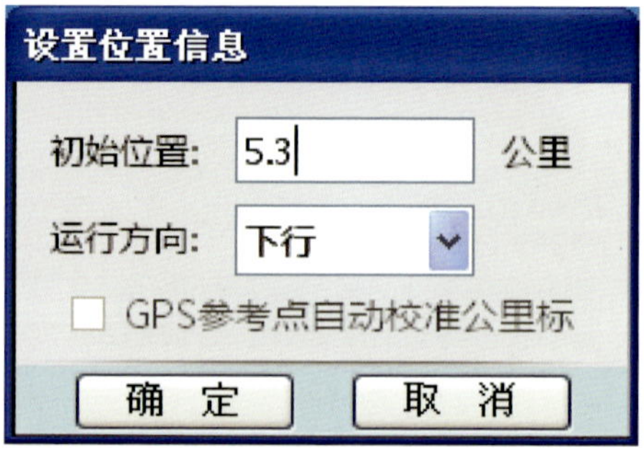

图 3-23　位置信息设置对话框

测试过程中公里标校准：测试开始后也可以校准或修改公里标和运行方向，单击菜单栏上“手动操作”菜单在其下拉菜单中选择“定位—公里标—运行方向”如图3-24所示，弹出如图3-23所示的对话框，在相应位置设置公里标和列车运行方向单击“确定”即可校准或修改，系统公里标、速度和运行方向显示在主界面的右上角，如图3-24所示。

图 3-24 公里标和运行方向设置菜单

（9）测试数据回放

测试数据回放是指用户在分析数据时可以打开测试数据，按一定速度回放整个测试过程，便于用户发现和查找问题。

单击菜单栏上“文件”菜单，在其下拉菜单中选择“打开测试文件”菜单或直接单击工具栏上的快捷按钮如图3-25所示，在弹出的文件打开对话框中选择要打开的测试文件，单击“打开”即可打开测试文件，同时弹出回放控制对话框，如图3-26所示。

图 3-25 测试文件打开菜单

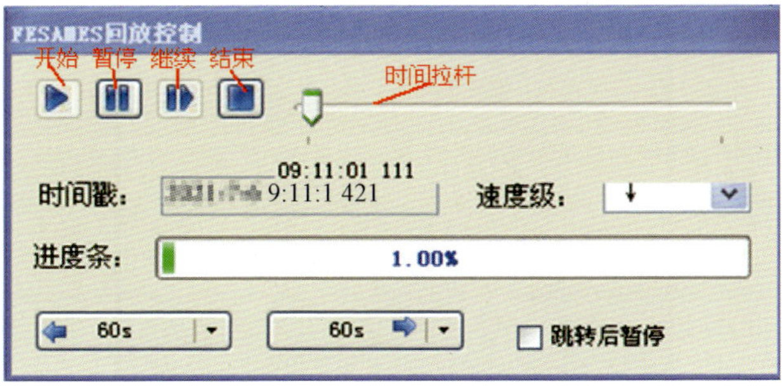

图 3-26 回放控制对话框

如图3-26所示，时间戳栏显示测试时间，速度级下拉键可选择回放速度，最慢为“×1”，即按测试时的实际速度进行回放，最快为“↓”，以软件的最大处理速度进行回放。进度条显示回放完成状态，对话框左下角 60s 和 60s 按钮为跳转键，按此类键可按用户选择的时间快进和倒退，按 可选择快进或倒退的时间，选择 跳转后暂停 时，回放跳转后将自动暂停。

（10）*.fes数据文件导出

把FESAMES软件在测试中保存的二进制fes数据文件的相应数据内容转换成图片以及包含详细数据和统计结果的EXCEL文件。主界面菜单栏上单击“数据处理”菜单，在其下拉菜单中选择“*.fes数据文件导出”如图3-27所示，弹出如图3-28所示的数据文件导出对话框。

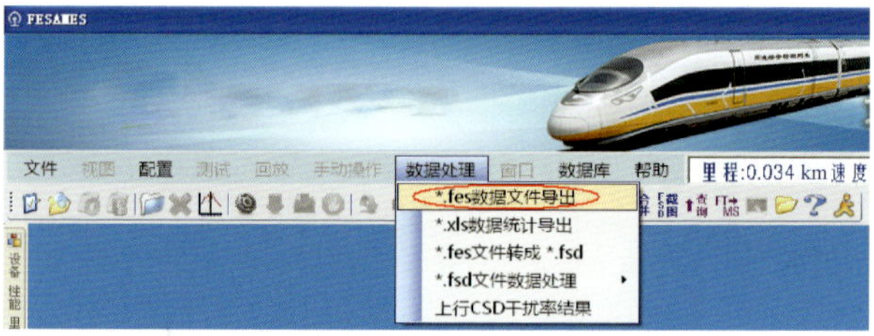

图 3-27　*-fes 数据文件导出菜单

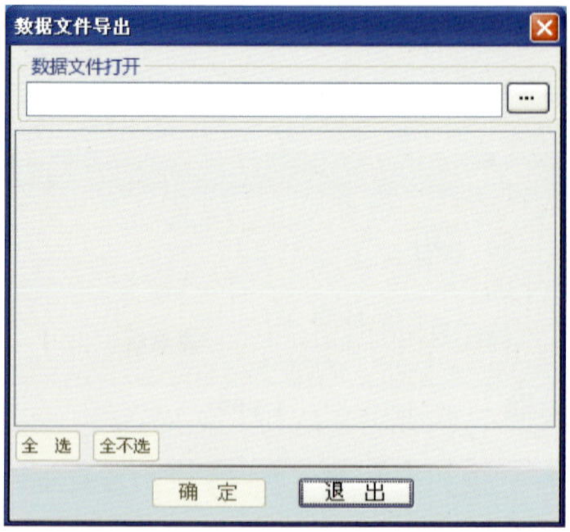

图 3-28　数据文件导出对话框

单击[···]按钮选择需要导出的*.fes数据文件，选定文件之后，文本框将显示所选择的数据文件的全路径名，列表文本框将显示选择的数据文件所包含的数据内容，如图3-29所示。

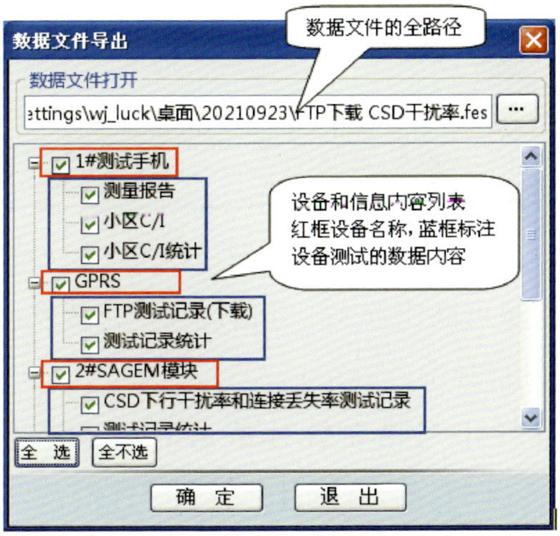

图 3-29　数据文件导出对话框

如图3-30所示，选择数据内容选项，单击“确定”，弹出保存文件对话框如图3-31所示，输入文件名后单击“确定”，将显示导出进度对话框，其中包含导出完成的进度和完成状态，如图3-32所示。导出完成后，导出文件将自动打开。

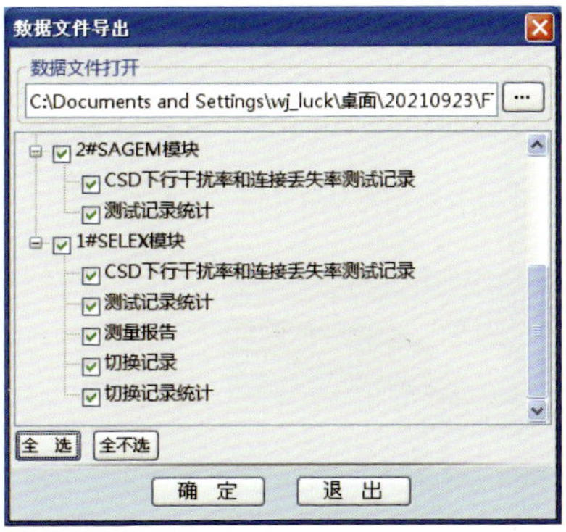

图 3-30　数据文件导出对话框

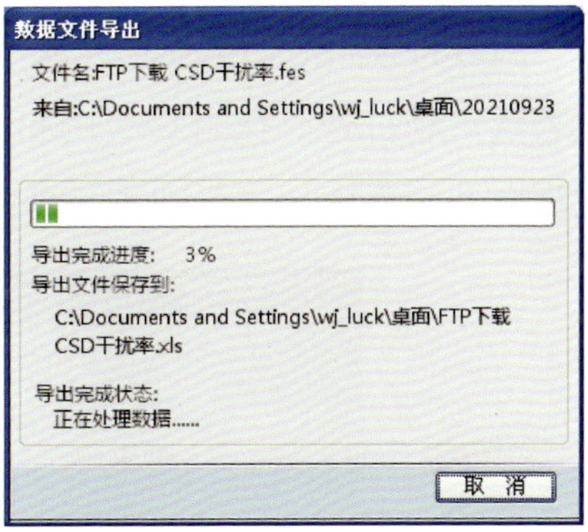

图 3-31　文件保存对话框

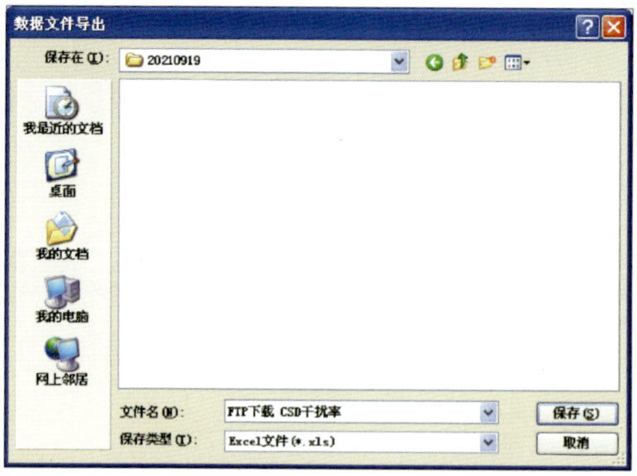

图 3-32　导出进度对话框

由于导出的数据量可能比较大，导出过程要花费较长时间。

（11）*.xls数据统计导出

*.xls数据统计导出是指在统计数据时可以同时把几个导出文件（EXCEL文件）联合起来进行合并统计并得到统计报表。

主界面菜单栏上单击“数据处理”菜单，在其下拉菜单中选择“*.xls数据统计导出”如图3-33所示，弹出如图3-34所示的数据统计对话框。单击 添加 按钮可打开文件添加对话框，在此对话框中可以在相应路径下选择单个或多个文件添加到统计文件列表中，同时统计信息列表中会列举出所添加文件包含的可统计的信息，选定这些统计信息后，单击“统计”，在弹出的文件保存对话框中。输入文件名，单击“保存”，即开始了xls数据统计，如图3-35所示，同时将弹出对话框显示完成进度和状态，如图3-36所示，统计完成后统计报表将自动打开。在图3-35中选定□ 模块合并统计时，可把所有8 W模块的测试数据合并一起统计，否则系统将默认按不同品牌的8 W模块分类统计。

图 3-33　*.xls 数据统计导出菜单

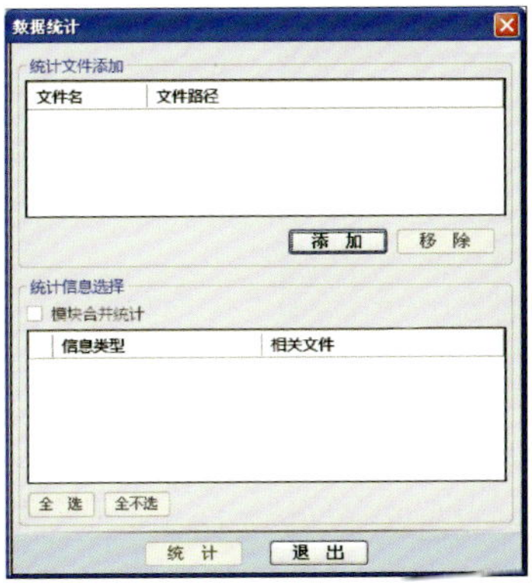

图 3-34 *.xls 数据统计导出对话框

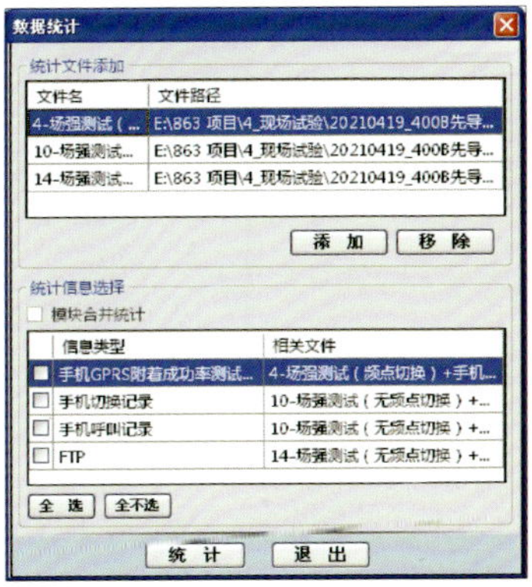

图 3-35 *.xls 文件添加对话框

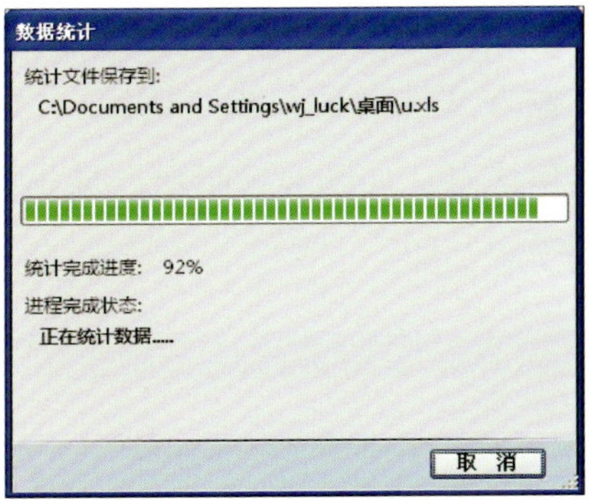

图 3-36 *.xls 数据统计导出进度

（12）*.fes数据文件转换为*.fsd

此功能是把不可读的二进制fes数据文件中的场强数据转换为可读的fsd场强数据文件。

主界面菜单栏上单击“数据处理”菜单，在其下拉菜单中选择“*.fes文件转*.fsd”如图3-37所示，弹出文件转换对话框如图3-38所示。

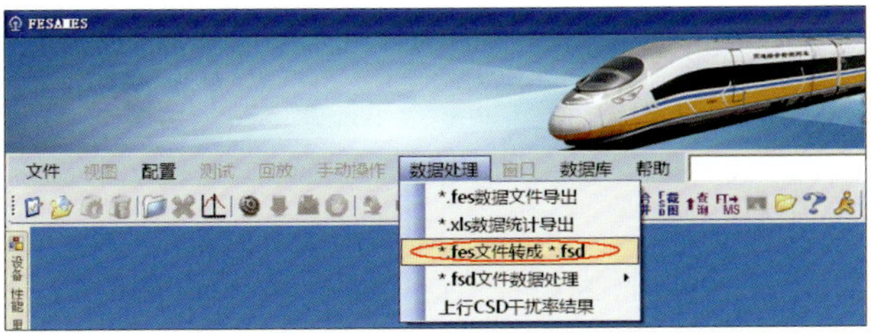

图 3-37 *.fes 数据文件转成 *-fsd 菜单

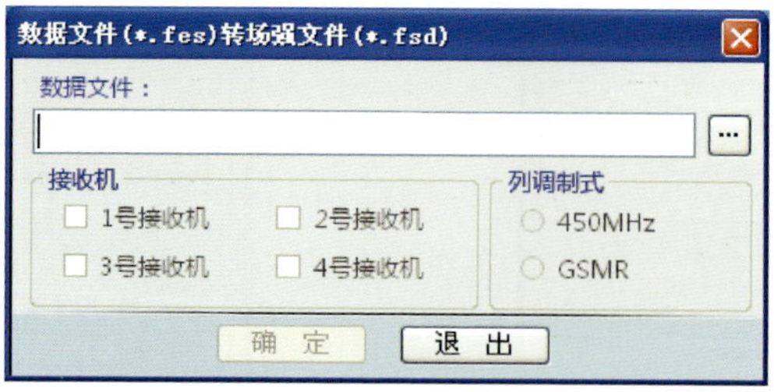

图 3-38　文件转换对话框

点击[…]按选择需要导出的*.fes数据文件，选定文件之后，文本框将显示所选择的数据文件的全路径名，接收机栏可选择导出数据来源于哪台测量接收机，列调制式栏可选择450 MHz或GSM-R，单击“确定”此时会弹出选择保存文件对话框，输入文件名后单击“确定”，此时便开始转换数据文件，同时显示转换进度和状态，如图3-39所示。导出完成后，可在所选路径下找到转换的*.fsd场强数据文件。

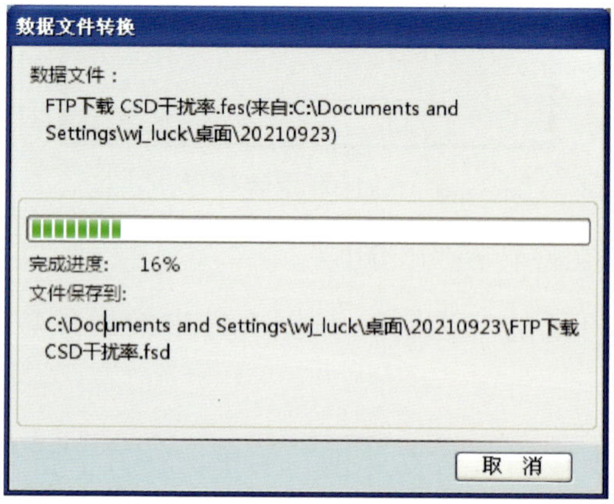

图 3-39　文件转换进度

主界面上单击“文件”选择“打开FSD文件”子菜单，可打开转换的*.fsd文件和显示场强曲线图。

（13）移动公里标

移动公里标的目的是把测试中与实际公里标不符的公里标修改为与实际一致的公里标。

单击“数据处理”—“*.fsd文件数据处理”—“移动公里标”菜单，弹出移动公里标对话框如图3-40所示。选取移动方式，在“移动前文件”栏中选择需要移动公里标的场强数据文件，在“移动后文件”栏中选择移动公里标后保存的文件名和路径，设置好偏移量后单击“确定”。移动完成后，弹出“移动公里标完成”对话框，提示移动操作已完成。移动公里标的偏移量可取正值和负值，正值是对相应的公里标进行加处理，负值是对相应的公里标进行减处理。如在测试过程中，测得的公里标为34.5～156.9 km，如果输入的移动公里标的值是−1 km,则移动后的公里标为33.5～155.9 km，如果输入的移动公里标的值是1 km,则移动后的公里标为35.5～157.9 km。

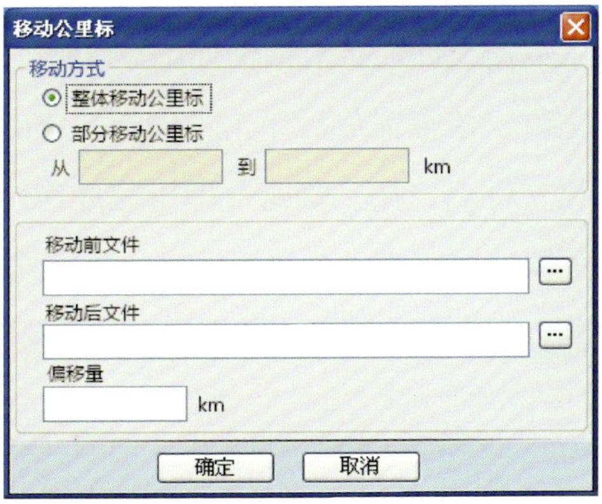

图 3-40　移动公里标对话框

（14）*.fsd文件公里标重复数据整理

*.fsd文件公里标重复数据整理主要是去掉测试过程中公里标重复位置的测试数据。

单击“数据处理”—“*.fsd文件数据处理”选择“场强（接收电平）数据文件整理”菜单，弹出数据文件整理对话框如图3-41所示。在整理前文件栏选择需要整理公里标的文件，在整理后文件栏选择整理公里标后保存的文件，单击“确定”，整理完成后弹出“数据处理完成”对话框，提示整理操作已完成。

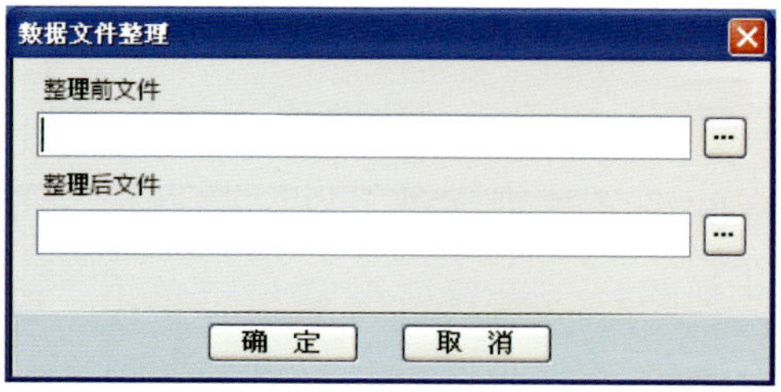

图 3-41　文件整理对话框

（15）数据连接

数据连接是把同一线路不同区段的场强数据文件连接起来，形成一个公里标连续的场强数据文件。

单击“数据处理”—“*.fsd文件数据处理”选择“场强（接收电平）数据文件连接”菜单，弹出数据文件连接对话框如图3-42所示。按“添加”按钮添加要连接的场强数据文件，添加完成后单击“确定”，在保存文件的对话框中输入连接后的场强数据文件名，按“确定”即可完成连接场强测试数据文件，连接完成后会弹出“数据连接完成”对话框，提示数据连接操作已完成。

图 3-42　数据文件连接对话框

（16）数据合并

数据合并是把同一线路上行场强数据文件和下行场强数据文件合并成一个完整的场强数据文件。

点击“数据处理”—“*.fsd文件数据处理”选择“场强（接收电平）数据文件合并”菜单，弹出数据合并对话框如图3-43所示。添加要合并的场强数据文件后单击“确定”，在弹出的保存文件的对话框中输入合并后的场强数据文件名，按“确定”即可合并场强数据文件，合并完成后，弹出数据合并完成对话框，提示数据合并操作已完成。

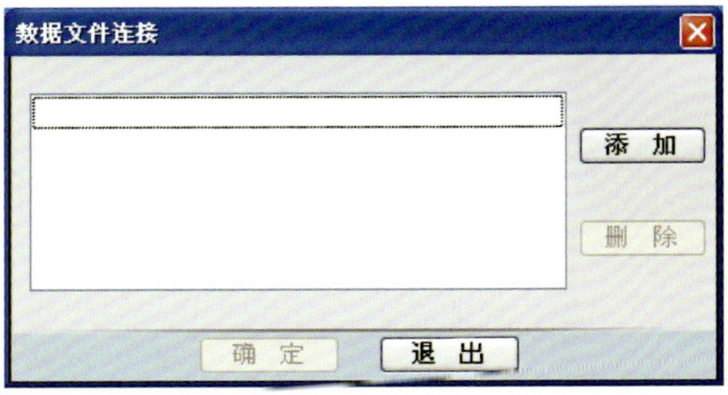

图 3-43　数据文件合并对话框

测试过程中，各测试曲线说明如图3-44所示。

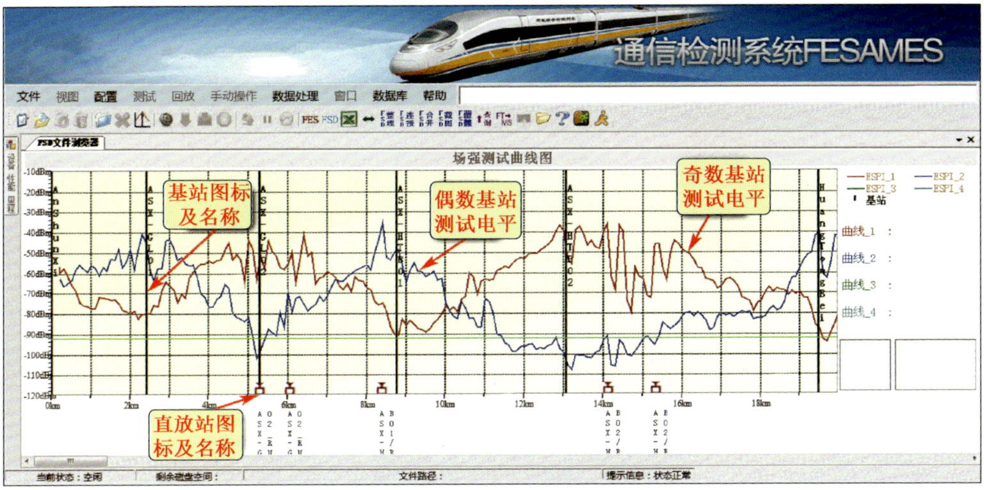

图 3-44　测试曲线说明

3.2.2　服务质量测试软件操作

（1）软件启动

双击GNetSystem.exe，启动GNetSystem软件，若弹出图3-45所示对话框，关掉即可，之后进入软件主界面如图3-46所示。

（2）设备配置

单击菜单栏“设备任务配置”菜单，弹出设备配置对话框如图3-47所示。

图 3-45　GNetSystem 软件启动

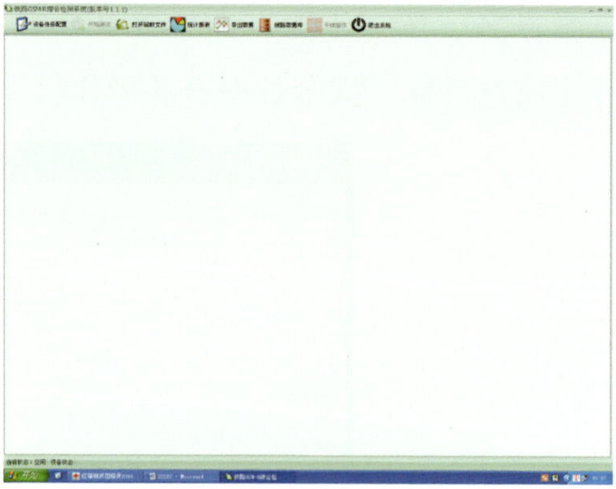

图 3-46　GNetSystem 软件主界面

图 3-47　设备配置对话框

图3-47中标识的“+”号隐藏了可配置设备的名称，单击“+”号展开可配置设备的详细列表，在列表中选中需要配置的设备名称，单击下方的配置按钮“添加任务→”即可配置此设备，同时已配置的设备也可单击撤销按钮“→删除任务”取消配置，配置成功的设备名称将被添加到右边空白处。配置流程如图3-48所示的实例，与FESAMES不同的是，添加任务的时候，即可设置测试参数。实例中只展示了SAGEM的配置过程，其他设备的配置过程与此类似。

图 3-48　设备配置

在设备配置过程中，系统自动检测所配置设备与系统控制器的连接，只有当所配置的测试设备正常开启并且与系统控制器的连接正常时，此设备才能被配置成功，所有设备配置完成如图3-49所示。

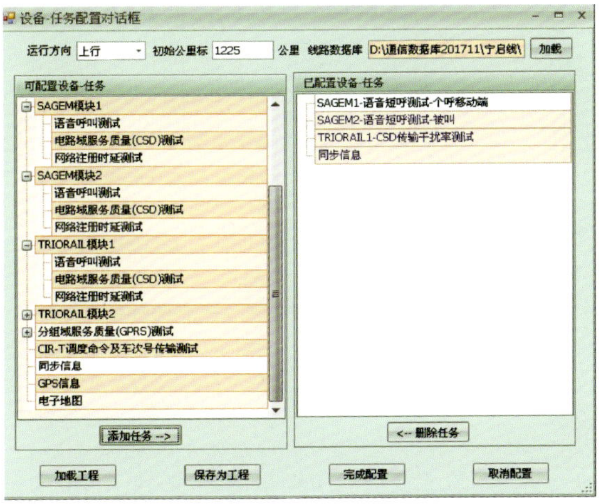

图 3-49　设备配置完成

（3）定位设备选择

GNetSystem定位设备目前只能接收综合同步。

配置同步时，须在配置前打开时空校准软件 

接收机车综合

发出的定位信息，同步输出的定位信息中可能不包含经纬度信息。

（4）测试工程的建立和加载

完成设备和测试任务配置后，可以把设备和任务配置信息保存为测试工程，下次要使用相同的设备和测试任务配置时可直接加载测试工程，在加载测试工程后还可以修改测试工程得到新的配置，修改操作与配置操作类似。

完成设备和测试任务配置后，单击任务配置对话框上的“保存为工程”菜单，如图3-49所示。

配置时，单击配置对话框上“加载工程”菜单，即可加载测试工程。

（5）线路数据库加载：

GNetSystem可以和FESAMES共用数据库，这里不再赘述。单击配置对话框中加载按钮加载数据库，如图3-50所示。

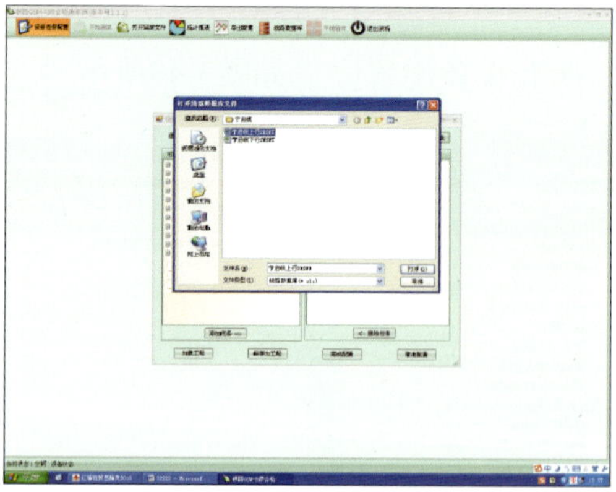

图 3-50　线路数据库加载菜单

（6）测试开始

所有任务配置完成后单击图3-50中完成配置即可准备测试，测试分为开始测试和开始录制两种方式。开始测试是指软件开始测试，但测试过程中不保存测试数据；开始录制是指软件在开始测试的同时也开始存储测试数据，测试的整个过程中软件将实时存储测试数据直至测试停止。

单击菜单栏上“开始测试”菜单，弹出询问对话框，如图3-51所示，单击“否”，只测试不录制，单击“是”，弹出保存数据对话框，选择文件夹位置，设置文件名，保存数据，如图3-52所示。

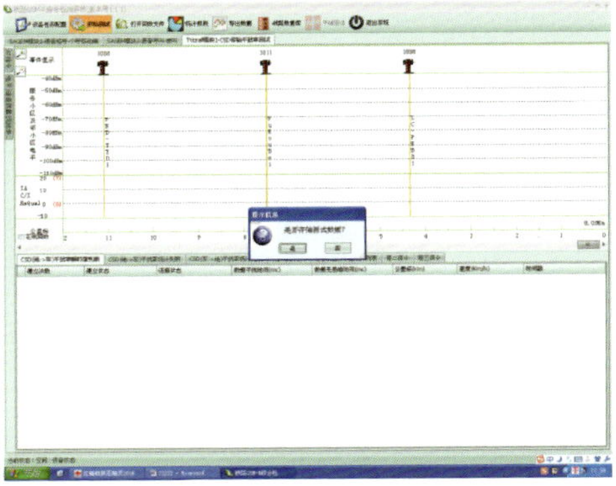

图 3-51　开始测试

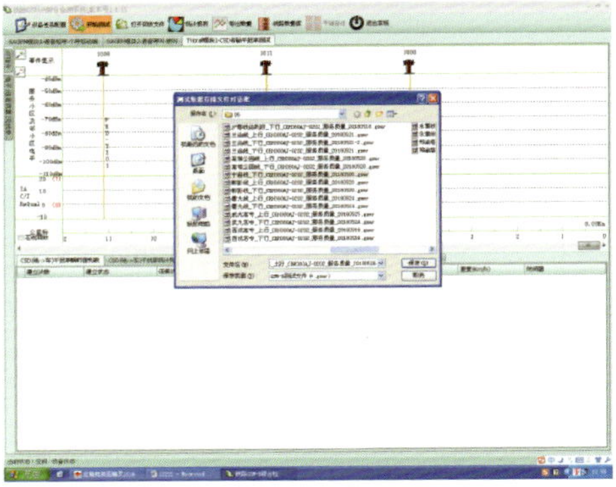

图 3-52　保存数据

（7）测试停止

测试完成后，单击菜单栏上“停止测试”菜单（原“开始测试”按钮位置），可停止测试。

（8）测试数据回放

测试数据回放是指用户在分析数据时可以打开测试数据，按一定速度回放整个测试过程，便于用户发现和查找问题。

单击菜单栏上“打开回放数据”菜单，在弹出的文件打开对话框中选择要打开的测试文件，单击“打开”即可打开测试文件，同时弹出回放控制对话框，如图3-53和图3-54所示。回放对话框中，显示按钮前面勾选，表示回放的同时，显示测试曲线，速度较慢；取消勾选，不显示，所有数据读完后，完整显示，速度较快。

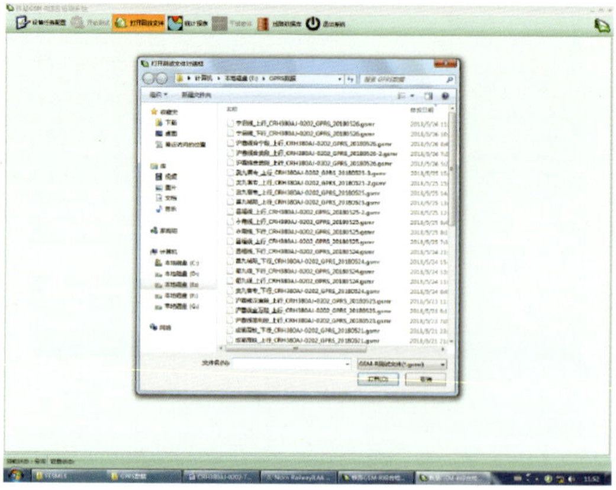

图 3-53　测试文件打开菜单

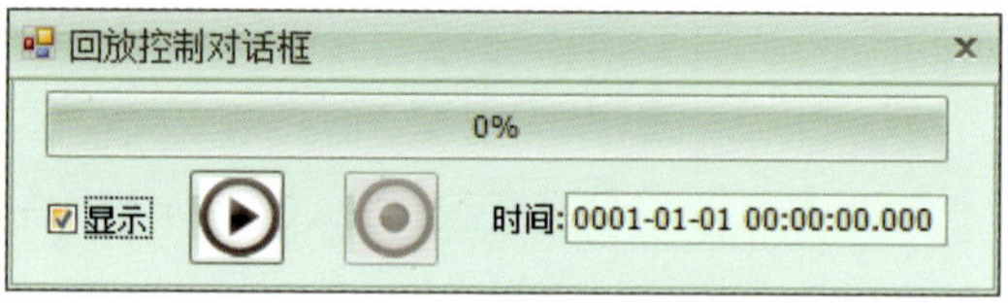

图 3-54　回放控制对话框

测试过程中，各测试曲线说明如图3-55所示。

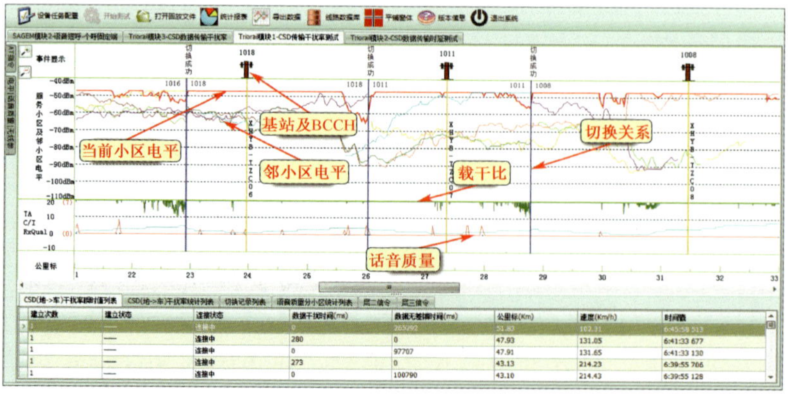

图 3-55　测试曲线说明

3.2.3 扫频测试软件操作

测试软件RTCS-PCTEL具体配置如图3-56所示。

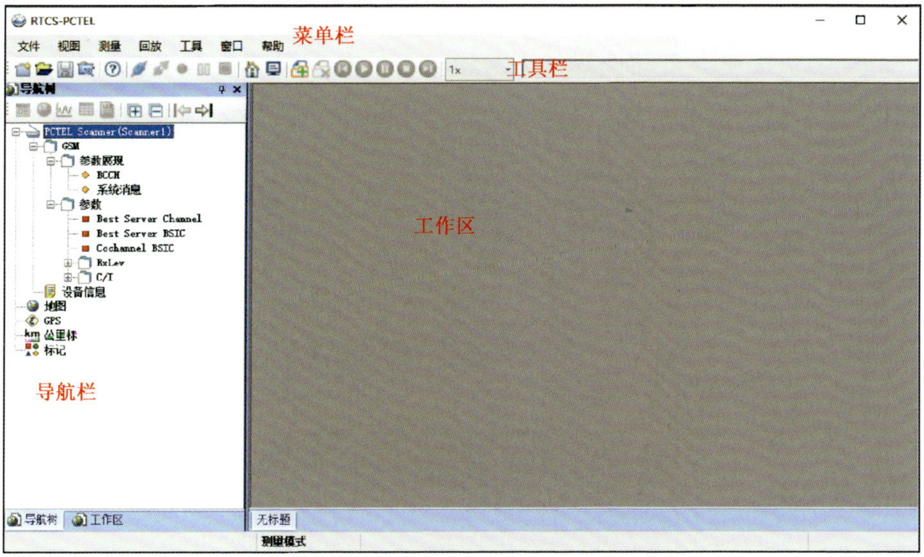

图 3-56 RTCS-PCTEL 软件界面

单击工具栏中的新建工程按钮或文件菜单中新建工程选项，弹出工程属性对话框如图3-57所示，单击“+”号按钮，选择PCTEL Scanner和公里标信息接收器，在公里标信息接收器对话框里UDP Port填入端口号18000或18001接收公里标，勾选“Generate GPS Event”。

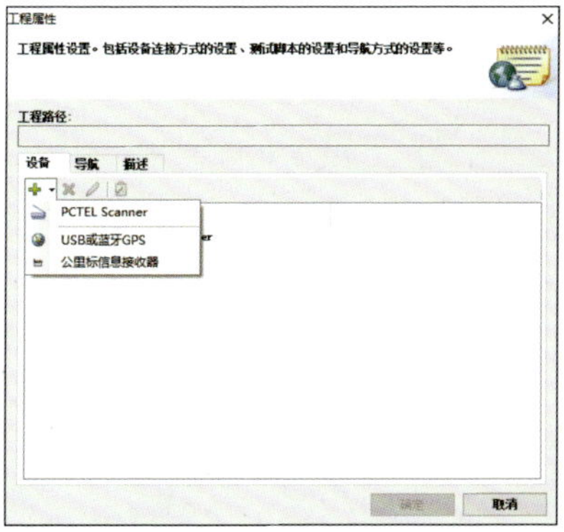

图 3-57 工程属性对话框

双击工程属性对话框里已经添加的Scanner1扫频仪，弹出脚本配置对话框，点击“+”号按钮选择CCH测量，在弹出的Color Code对话框里常规选项卡频段选择“GSM European 900 Band”，信道选择999～1 019，或直接单击 铁路GSM-R 按钮，自动选择如图3-58所示。在高级选项卡里DwellingTime改为1，控制信道消息勾选“System Information Type3”如图3-59所示。

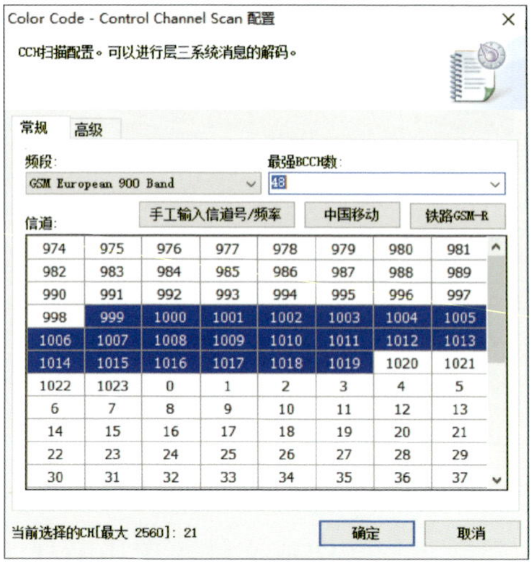

图 3-58　常规选项卡

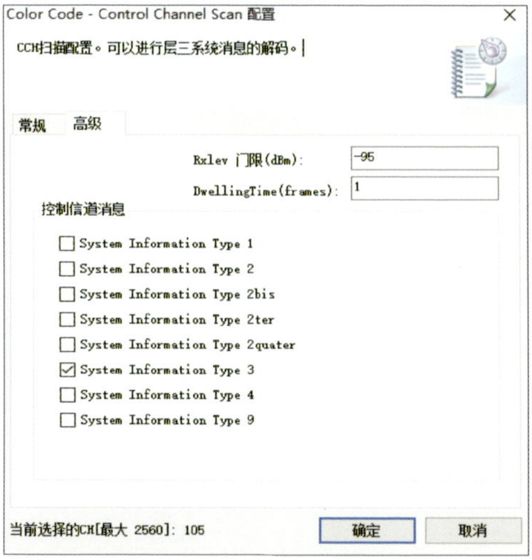

图 3-59　高级选项卡

配置完成后，单击连接设备按钮连接设备，单击按钮进行录制测试，双击导航栏中的BCCH选项和公里标选项如图3-60所示，观察测试结果及对应的公里标和GPS信息。

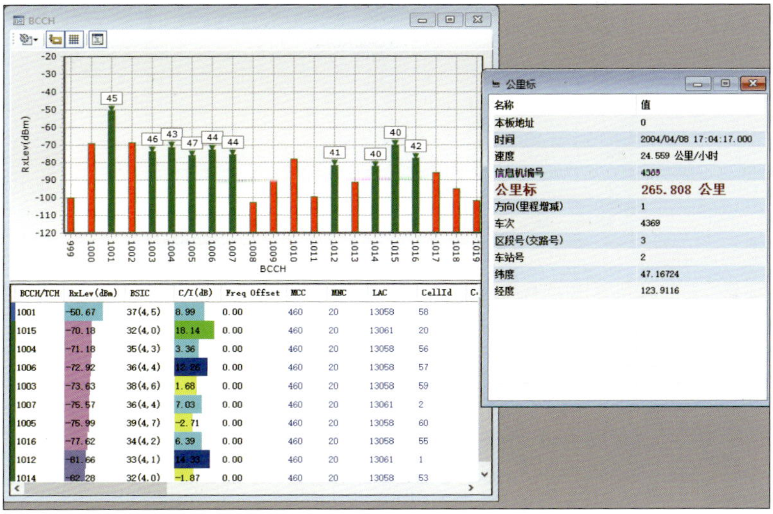

图 3-60　测试界面

3.2.4　实时频谱测试软件操作

运行软件文件夹里的RTCS-TEK.exe程序，菜单文件选择新建工程或单击新建工程按钮进行配置如图3-61所示。

图 3-61　新建工程

在弹出工程属性对话框中对测试任务进行配置如图3-62所示。

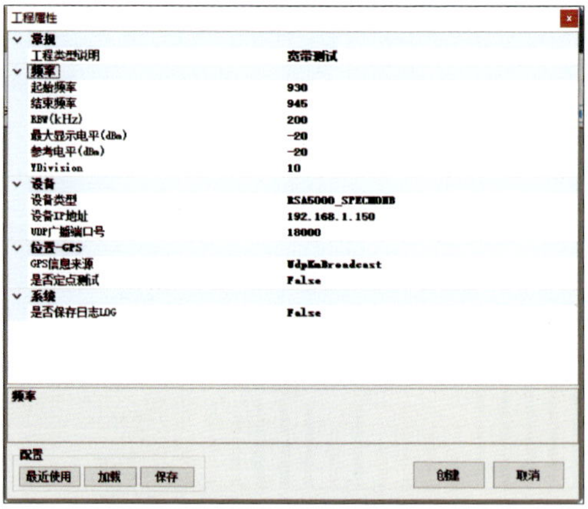

图 3-62　工程属性配置

各配置见表3-2。

表 3-2　参数配置详解

属性	说明	参考填写
工程类型说明	起说明作用	下行可填：下行宽带测试，上行可填：上行窄带测试
起始频率	实时带宽的起始频率	对于RSH500仪表，上下行均为930 MHz；其他仪表下行为925 MHz，上行为930 MHz
结束频率	实时带宽的终止频率	对于RSH500仪表，下行为950 MHz，上行为935 MHz；对于其他仪表下行为955 MHz，上行为934 MHz
RBW（kHz）	解析带宽	对于RSH500仪表，该参数无效，仪表根据测试带宽自动设置；其他仪表下行为200 kHz，上行为100 kHz；FSVR支持不好，参数调整无效
最大显示电平（dBm）	软件上能显示的最大电平	此参数设置跟仪表无关，不影响测试结果，建议和Ref电平一致。由于兼容不好，FSVR测试结果受影响较大，固定设置为-10 dBm
参考电平（dBm）	环境中可能存在的最大电平	此参数会影响测试结果，主要是底噪，建议设置为-10 dBm。由于兼容不好，FSVR测试结果受影响较大，固定设置为-10 dBm
YDivision	竖格单位电平跨度	默认设置即可
打开前端放大器	某些实时频谱仪内置前端放大器	只有RSA603A有此选项，选择True，可有效降低信号底噪
设备类型	采用的仪表	根据仪表型号选择所需的类型

续表

属性	说明	参考填写
设备IP地址	与计算机连接	对于RSA603A仪表，由于采用USB进行数据传输，没有此选项；对于其他仪表，填写仪表IP地址即可
UDP广播端口号	接收综合里程信息	接入局域网的计算机分配两个端口18000和18001，选择一个没被使用的即可
GPS信息来源	无	默认选择UdpKmBroadcast
是否定点测试	无	选择False即可
是否保存日志LOG	无	选择False即可

设置完成后点击“创建”，程序弹出提示窗口如图3-63所示，提示是否在测试过程中进行预处理及干扰事件计算和判断。为保证测试速度，一般选择“否”，测试完成后也可以进行回放分析。

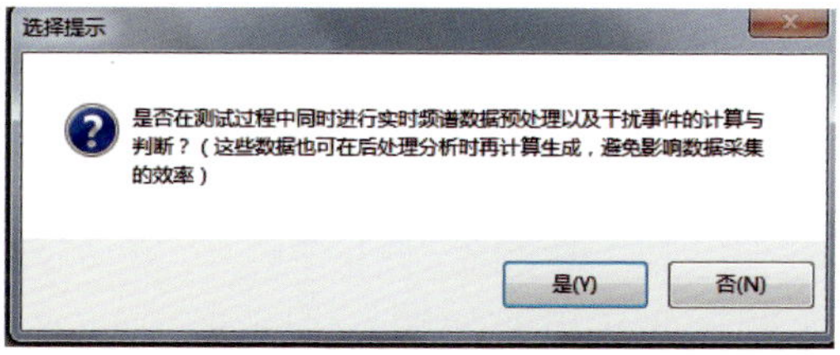

图 3-63 分析确认窗口

单击开始测试按钮如图3-64所示。

图 3-64 开始测试

确认工程名称（可更改名称和保存路径），单击启动测试如图3-65所示，程序启动测试，数据窗口内显示测试的数据。

测试过程中可以冻结测试窗口如图3-66所示，对之前的测试数据进行回放，测试数据记录不受影响。

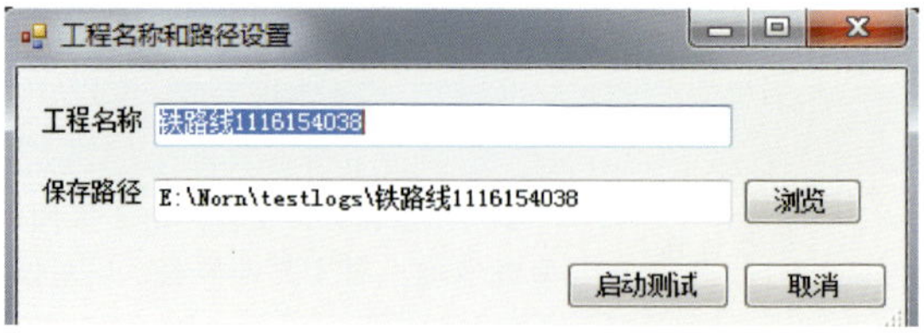

图 3-65　设置文件名和保存路径

图 3-66　冻结窗口

测试完成后点击停止按钮，或菜单测试-停止测试，如图3-67所示。

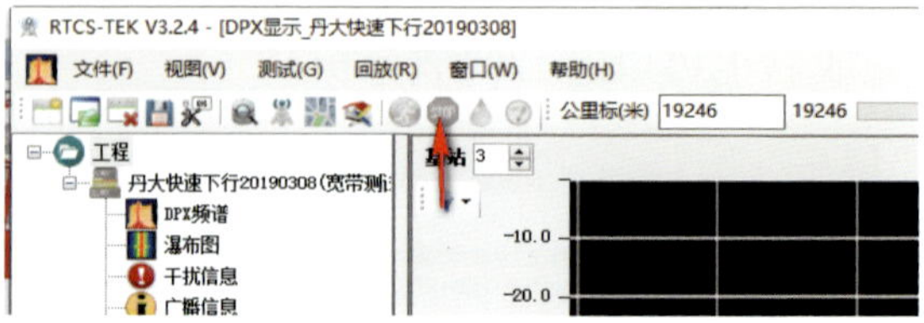

图 3-67　停止测试

测试过程中，各测试曲线说明如图3-68所示。

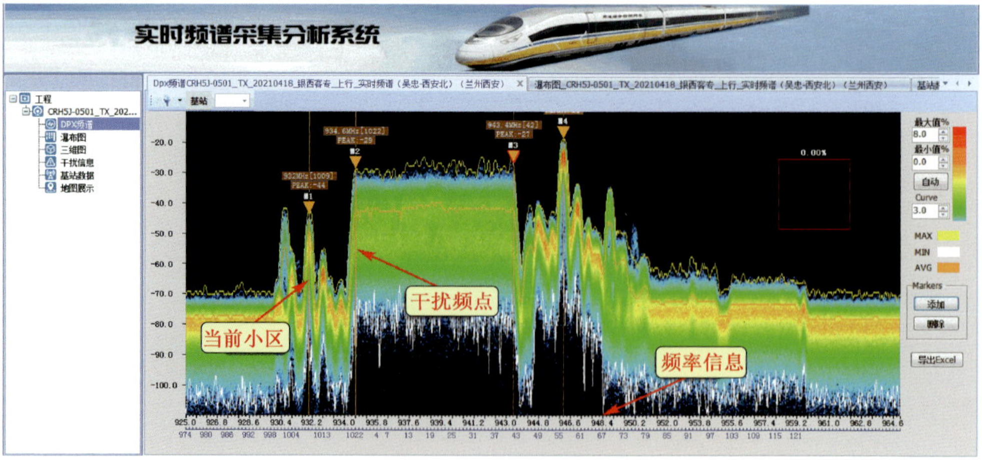

图 3-68　测试曲线说明

3.3 检测问题识别

3.3.1 统计指标标准

（1）无线场强覆盖标准见表3-3。

表 3-3 无线场强覆盖标准

网络种类	接收天线位置	统计概率 /%	P_{rmin}/dBm
承载列控类数据（CSD）业务GSM-R系统	机车顶部	95	−92
其他GSM-R系统	机车顶部	95	−98

（2）承载话音业务和非列控数据业务的GSM-R网络服务质量标准（QoS）见表3-4。

表 3-4 承载话音业务和非列控数据业务的 GSM-R 网络服务质量标准

服务质量项目名称	指标要求
网络注册时延	不大于30 s（95%），不大于35 s（99%），不大于40 s（100%）
呼叫（连接）建立时间	铁路紧急呼叫小于2 s（95%），小于3 s（99%） 同一区域内司机间的语音组呼小于5 s（95%），小于7.5 s（99%）
	除上述外，移动终端呼叫有线固定终端的运营呼叫小于5 s（95%），小于7.5 s（99%） 除上述外，有线固定终端呼叫移动终端的运营呼叫小于7 s（95%），小于10.5 s（99%）
	除上述外，移动终端呼叫移动终端的运营呼叫小于10 s（95%），小于15 s（99%） 所有低优先级呼叫小于10 s（95%），小于15 s（99%）
呼叫（连接）建立失败概率	小于 10^{-2}
数据速率	不小于2.4 kbit/s
越区切换中断时间	小于0.5 s（95%）
越区切换成功率	不小于99.5%

（3）承载列控数据业务的GSM-R网络服务质量标准（QoS）见表3-5。

表 3-5　承载列控数据业务的 GSM-R 网络服务质量标准

服务质量项目名称	指标要求
移动终端发起的连接建立时间	小于8.5 s（95%），不大于10 s（100%）
连接建立失败概率	小于 10^{-2}
最大端到端传输时延	不大于0.5 s（99%）
连接丢失概率	不大于 10^{-2}/h
传输干扰时间T_{TI}	小于0.8 s（95%），小于1 s（99%）
传输无差错时间T_{REC}	大于20 s（95%），大于7 s（99%）
网络注册时延	不大于30 s（95%），不大于35 s（99%），不大于40 s（100%）

（4）GPRS数据传输延迟等级见表1-6。

（5）GPRS数据传输峰值吞吐量等级见表1-8。

（6）GPRS数据传输平均吞吐量等级见表1-9。

3.3.2　场强问题识别

1. 场强覆盖异常

为保证各区间的信号强度，基站发射的信号可由直放站进行中继放大，在直放站位置可以看见清晰的波峰，直放站的数量与波峰的数量应一一对应如图3-69所示。如某位置存在中继设备，但无法从测试曲线中找到相应波峰，则判断为场强覆盖异常。部分波峰不够明显的区段，整体曲线比较平缓或伴随半边曲线陡降时，须提供无线子系统布置图，确认该处天馈布置方式来确认直放站状态。枢纽或共线区段直放站波峰不明显，应确认该设备是否多线共用。

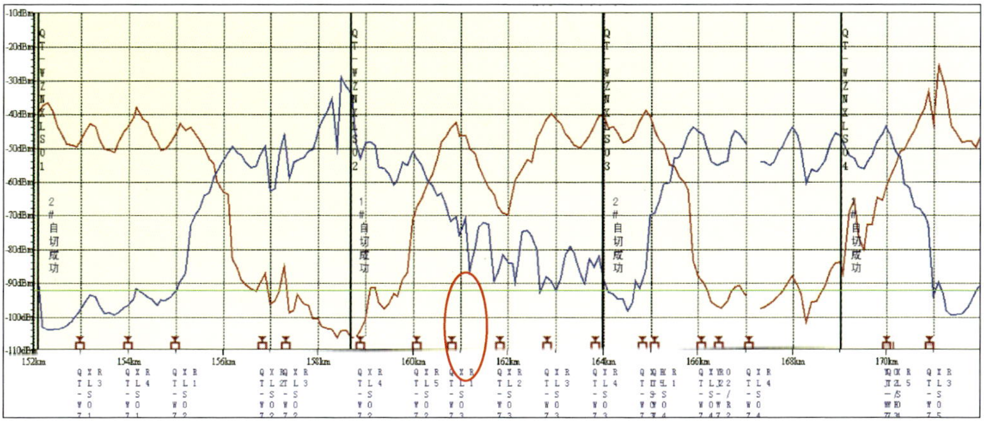

图 3-69　场强覆盖异常

2. 场强覆盖不合格

根据标准，当主小区覆盖电平低于标准值时，认为场强覆盖不合格，如图3-70所示。

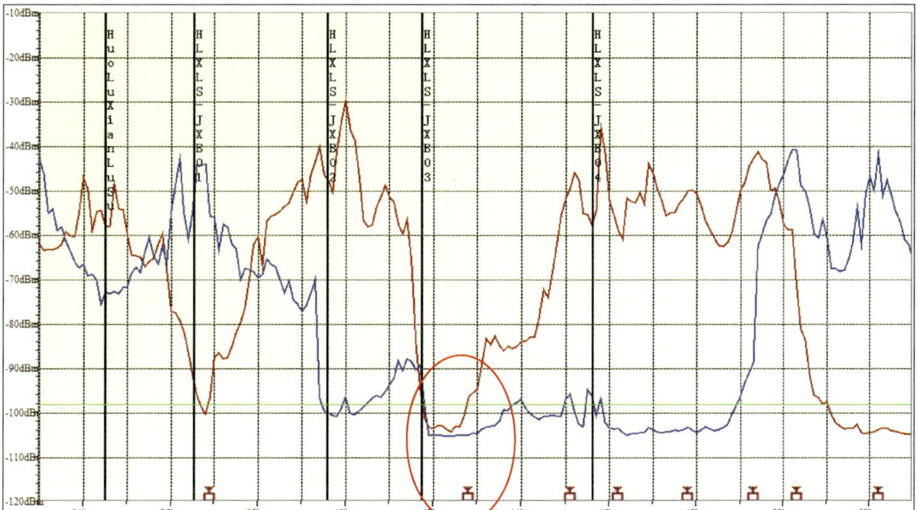

图 3-70　场强覆盖不合格

各线路标准值如下：

（1）450 MHz无线列调线路（单节车非电气化区段）：0 dBμV且至少有500 m重叠区。

（2）450 MHz无线列调线路（单节车电气化区段）：10 dBμV且至少有500 m重叠区。

（3）450 MHz无线列调线路（动检车）：6 dBμV且至少有500 m重叠区。

（4）G网线路（CTCS-2）：−98 dBm。

（5）G网线路（CTCS-3）：−92 dBm。

3.3.3 服务质量问题识别

1. 掉话

当测试界面提示连接丢失，且存在连续的话音质量7级时，判断该位置掉话如图3-71所示。

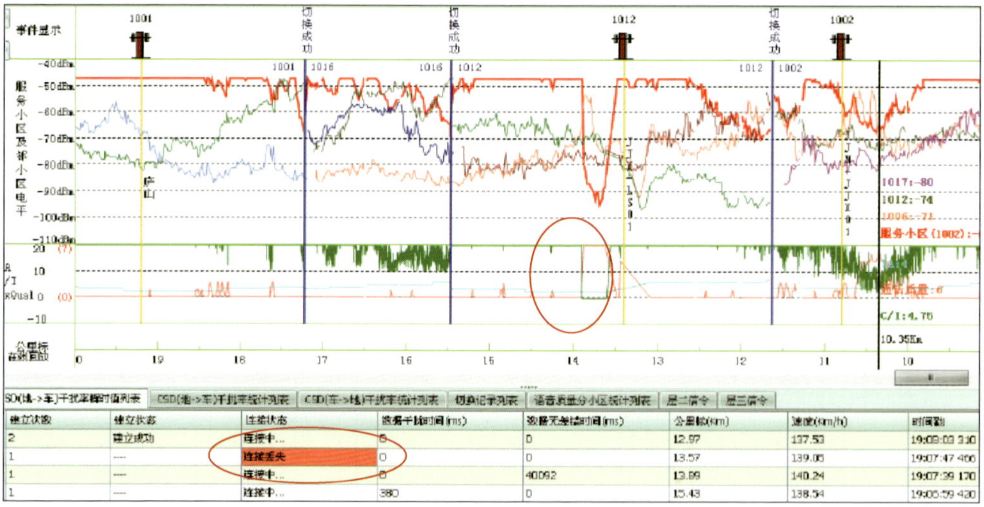

图 3-71　掉话且质差图

当测试界面提示连接丢失，但无语音质差现象时，如图3-72所示。为避免误报问题，须回放该线路上月历史数据，如上月在同样位置出现相同现象，则判断该位置掉话；如上月无异常，则判断为测试系统突发异常，暂不上报问题继续观察。

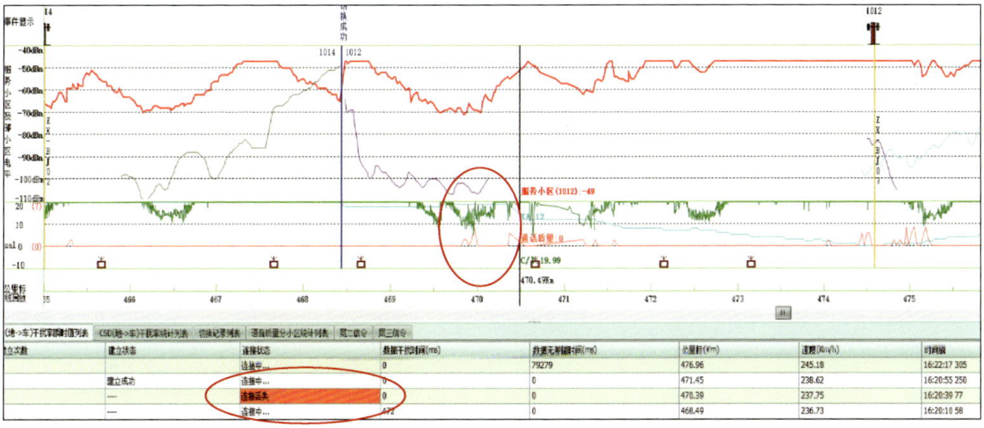

图 3-72　掉话无质差图

2. 切换失败

当测试界面提示切换失败时，判断该位置切换失败如图3-73所示。

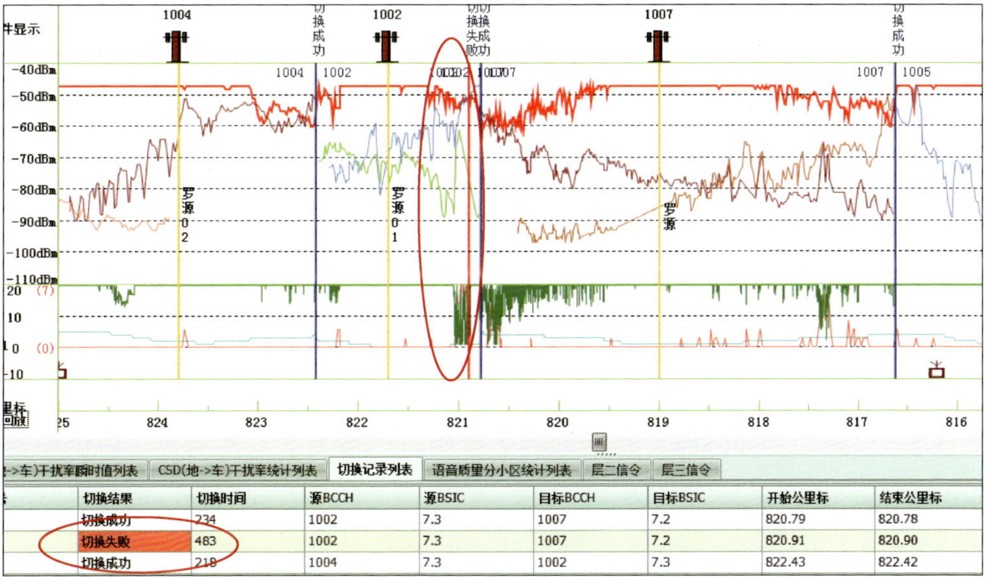

图 3-73　切换失败

3. 切换异常

两个基站间应存在一次切换，当两个基站间未发生切换或发生多次切换，判断为切换异常（共线或枢纽区域另行考虑），如图3-74所示。

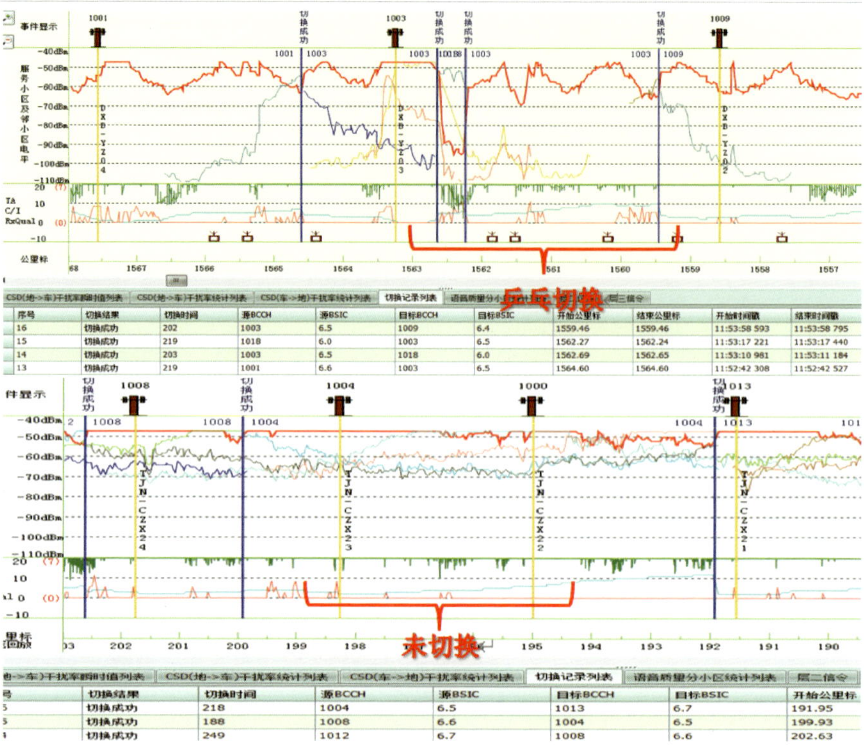

图 3-74　切换异常显示

此问题类型，通报问题须综合考虑以下两点：

（1）若乒乓切换是因场强连续交叉覆盖引起，对于CTCS-3线路，在整体干扰率指标合格的情况下，不通报，但仍须告知维护负责人；对于CTCS-2线路和普速线路，在不影响话音质量的情况下，不通报，但仍须告知维护负责人。

（2）若出现当前服务小区被迫从高电平切换到低电平时，考虑为设备和干扰引起，须通报。

4. 语音质差

当测试界面存在话音质量5～7级，但并未发生掉话时，判断为语音质差，如图3-75所示。此问题类型，针对不同线路有不同处理方式，对于CTCS-3线路，在整体干扰率指标合格的情况下，不通报，但仍须告知维护负责人；对于CTCS-2线路和普速线路，质差持续500 m以上的情况下须要通报。

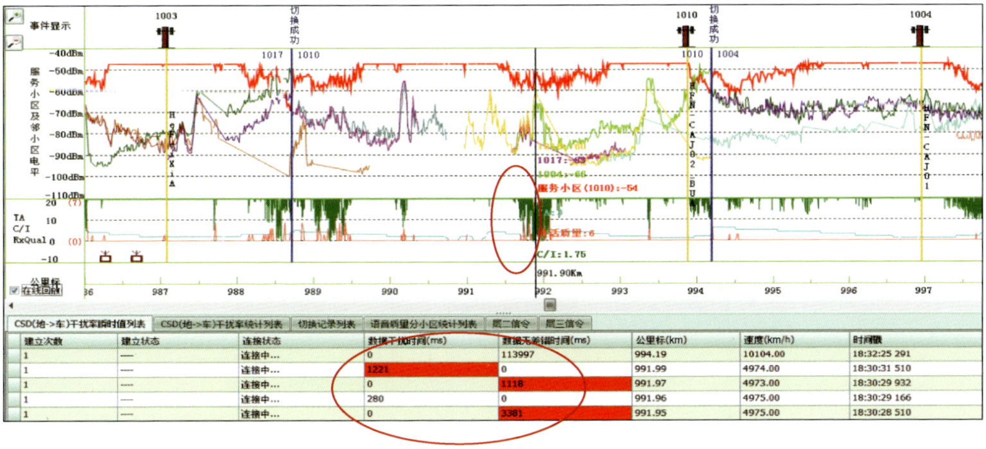

图 3-75　语言质差显示

3.4　统计报表

3.4.1　报表生成

测试软件主界面菜单栏上单击“统计报表”菜单，弹出如图3-76所示的数据统计对话框。单击“选择数据库”按钮打开带各路局管辖的公里标信息的数据库，如图3-77所示，单击“选择测试文件”按钮，在此对话框中可以选择多个文件（同线路）到统计文件列表中，单击“统计”，在弹出的文件保存对话框中。输入文件名单击“保存”，即开始了xls数据统计，同时将弹出对话框显示完成进度和状态如图3-78所示，统计完成后统计报表将自动打开如图3-79所示。

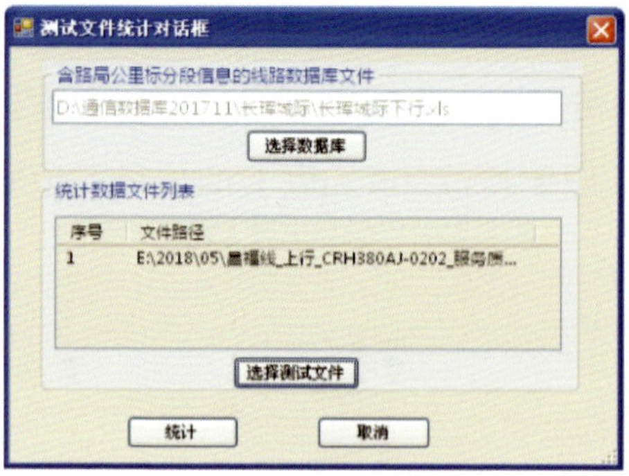

图 3-76　数据统计对话框

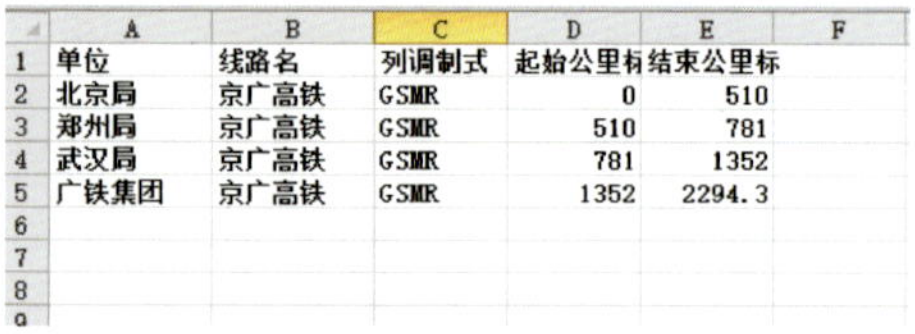

图 3-77　分路局统计所需信息数据库

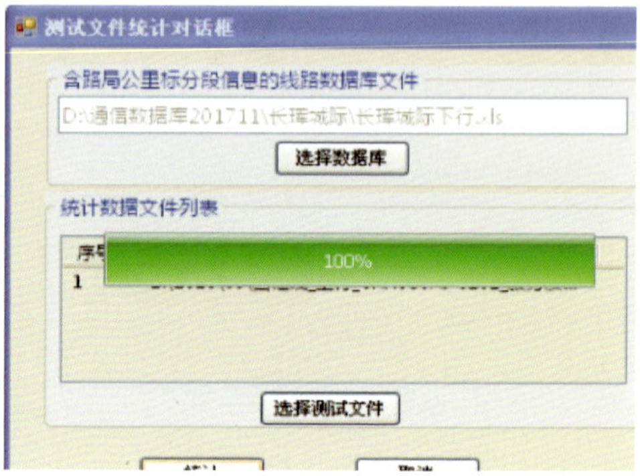

图 3-78　数据统计导出进度

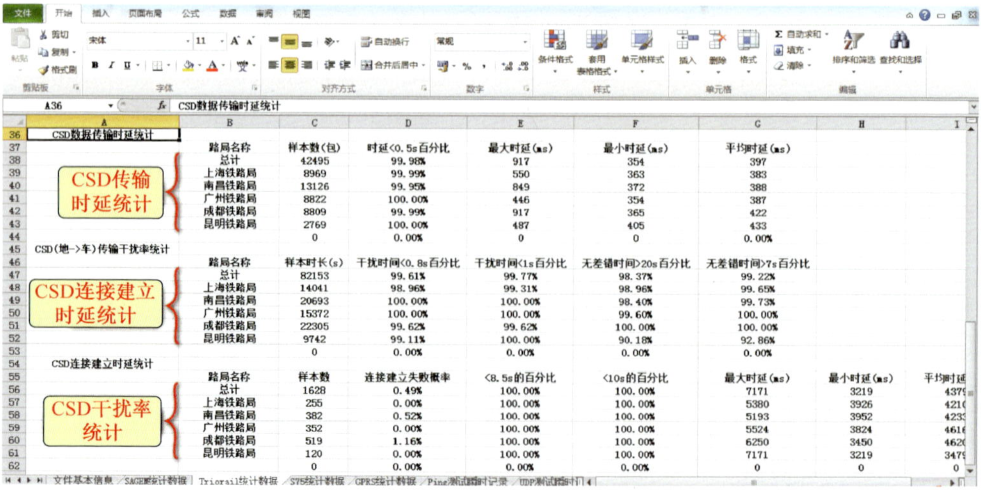

图 3-79　数据统计导出内容

3.4.2　测试记录和统计记录导出

测试软件主界面菜单栏上单击“导出数据”菜单，弹出如图3-80所示的数据文件导出对话框。

单击[…]按钮选择需要导出的*.gsmr数据文件，选定文件之后，文本框将显示所选择的数据文件的全路径名，列表文本框将显示选择的数据文件所包含的数据内容，如图3-81所示。

图 3-80　数据文件导出对话框

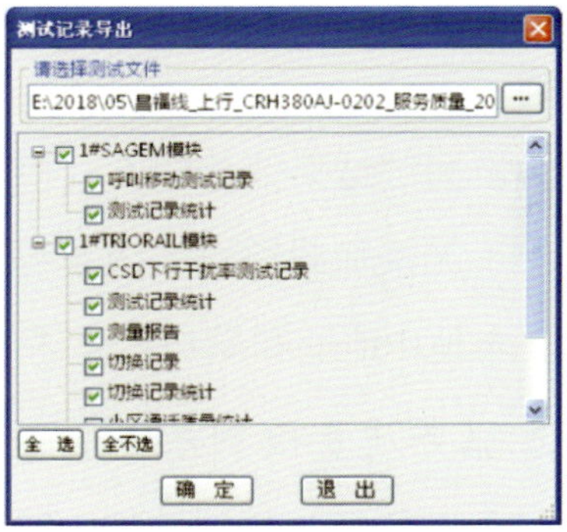

图 3-81　数据文件导出对话框

如图3-81所示，选择数据内容选项，单击“确定”，弹出保存文件对话框如图3-82所示，输入文件名后单击“确定”，将显示导出进度对话框，其中包含导出完成的进度和完成状态，如图3-83所示。导出完成后，导出文件将自动打开。

图 3-82　文件保存对话框

图 3-83　导出进度对话框

3.5 运用维护

3.5.1 系统维护

1. 场强检测系统

（1）打开软件时提示过有效期或没有绑定硬件，须及时联系厂家修复。

（2）配置测量接收机时，提示驱动无效，须及时联系厂家修复。

（3）无法连接测量接收机，检查Config文件中测量接收机IP地址是否填写正确。

（4）测试结果偏差较大，检查Config文件中损耗值填写是否正常。

（5）无法加载综合系统里程信息，须检查Config文件中“同步里程”一栏中，本地IP地址和端口号是否填写正确。

2. 服务质量检测系统

（1）无法打开测试软件，须检查软件运行环境是否安装，如Office办公软件、DX软件等。

（2）无法配置模块，须检查Config文件中各个模块的串口号是否对应。

（3）无法加载综合系统里程信息，须检查Config文件中“同步里程”一栏中，本地IP地址和端口号是否填写正确。

（4）测试软件闪退或者卡死，此为软件问题，须要记录并报备。

3.5.2 系统标定

1. 外观检查

（1）被标定检测系统各连接电缆及护管无破损、无断裂、无暴露、无松动，连接头或连接插头紧固。

（2）被标定检测系统各采集设备指示灯工作正常，控制处理及显示设备工作正常。

（3）电源设备工作正常，电源线缆无破损、无断裂、无暴露，电源插头或者插座无断裂。

（4）车顶天线外观无伤损、无松动、无倾斜、无形变等。

2. 天馈系统

（1）按照被标天线的工作频率设置测试频率，450 MHz无线列调检测系统天线频率设置参考值：450～470 MHz；GSM-R场强及服务质量检测天线频率设置参考值:880～940 MHz;GSM-R无线干扰检测天线频率设置参考值:870～950 MHz。

（2）利用专用校准件对天馈线测试仪进行校准，如标定中使用转接馈线，应带转接馈线进行校准。频率设置发生变化时，应重新校准。

（3）测量出电压驻波比、回波损耗、馈线损耗等参数，分别读出457～459 MHz、467～469 MHz和885～889 MHz，930～934 MHz各参数的最大、最小值并记录。

（4）测量馈线损耗时，馈线应处于未连接天线的状态。

3. 场强检测系统

（1）无线场强检测系统标定连接如图3-84所示。

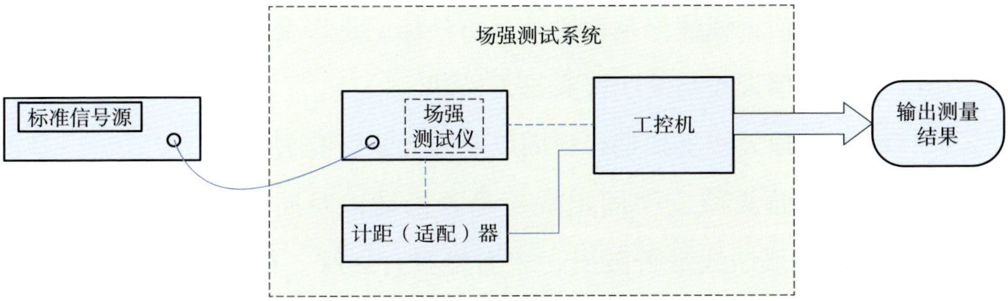

图 3-84 场强测试系统标定连接

（2）使用损耗已知的标准馈线作为标准信号源和场强检测仪表的连接馈线，标准馈线的损耗值须计入测量结果。

（3）设置标准信号源的频率和场强检测系统的工作频率一致。450 MHz无线列调场强检测系统设置频率参考值：467.925 MHz；GSM-R场强检测系统设置频率参考值：932 MHz。

（4）标准信号源输出不同电平值，标定450 MHz无线列调场强检测系统时输出标准电平参考值：0 dBμV、10 dBμV、20 dBμV……80 dBμV；标定GSM-R场强检测系统时输出标准电平参考值：-100 dBm、-90 dBm、-80 dBm……-30 dBm。

（5）按照相关检测标准设置场强检测系统检波方式、检测带宽等，启动检测程序输出测试电平值，检测系统模拟运行1 km，参考速度等级为160 km/h、250 km/h和350 km/h，测试电平分别按照50%、95%的统计概率进行统计，每一个标准电平值，对应记录10个测试电平值a1……a10。

3.5.3 安全检查及日常维护

1. 安全检查

通信车外设备集中分布在车顶，安全检查的项点包括：

（1）检查车顶天线及支架是否存在异物及外观是否完整。

（2）检查车顶天线表面是否存在裂纹以及是否稳固。

（3）检查车顶天线螺栓是否松动，防松标记是否变化。

（4）检查车顶天线与馈线接头是否松动。

（5）检查车顶天线支架是否稳固以及表面是否有裂纹。

（6）检查车顶天线支架固定螺栓是否松动以及防松标记是否变化。

（7）检查车顶馈线是否破损、表面是否有裂纹，检查车内电源接头和线缆是否破损及老化。

2. 日常维护

日常维护作业主要以检查检测软硬件的功能状态，以确保检测数据的准确性。主要检查内容包括但不限于硬件设备检测功能、检测软件状态、检测软件版本、检测软件参数配置、检测数据库版本等。具体检查项点包括：

（1）检查ESPI/TSME通电开机情况是否正常，软件能否正常加载。

（2）检查服务质量各个测试模块通电亮灯情况是否正常，软件能否正常加载。

（3）检查测试手机通电开机情况是否正常，软件能否正常加载。

（4）检查服务质量软件是否能够正常运行,记录服务质量软件版本。

（5）检查场强软件是否能够正常运行,记录场强软件版本。

（6）检查台账信息基础库是否为最新版本。

（7）呼叫地面服务器，是否呼通。

3.6 无线场强案例分析

3.6.1 场强覆盖不合格

案例1：中继设备或基站故障导致场强覆盖不合格。

2020年12月20日，采用CRH5J-0501高速综合检测列车进行检测，发现某局集团公司管内，K41+730附近场强覆盖无法满足−98 dBm标准要求，场强覆盖不合格，如图3-85所示。经路局维护人员排查，发现直放站远端机电源模块故障，导致该处直放站脱管，维护人员更换电源模块，测试恢复正常。直放站掉电是比较常见的故障形式，其他的故障形式还包括功放板故障、载频板或天线振子故障等，需要网管中心及时关注设备告警。

案例2：设备老化导致场强覆盖不合格。

2019年9月19日，采用CRH5J-0501高速综合检测列车进行检测，发现某局集团公司管内，K70～K72区间场强覆盖无法满足6 dBμV标准要求，场强覆盖不合格，如图3-86所示。与维护人员沟通了解到，既有线线路设备多数工作年限较长，老化较为严重，发射功率无法满足要求，而且多数设备已停产，没有可供更换的备件，导致弱场现象长期存在。

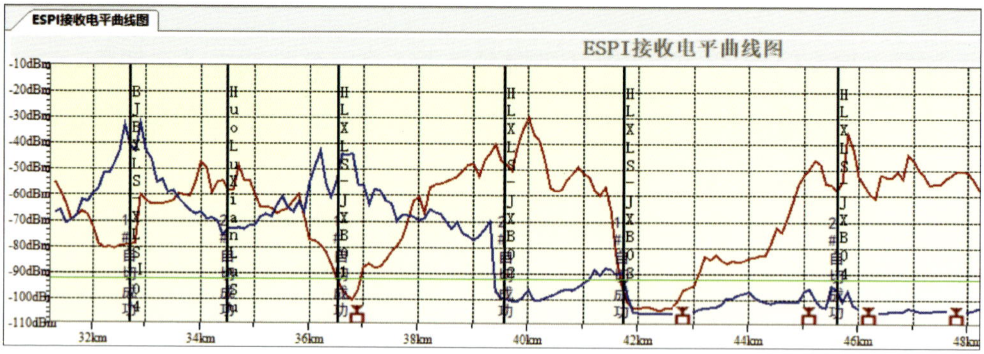

图 3-85　K41+730 附近场强覆盖测试

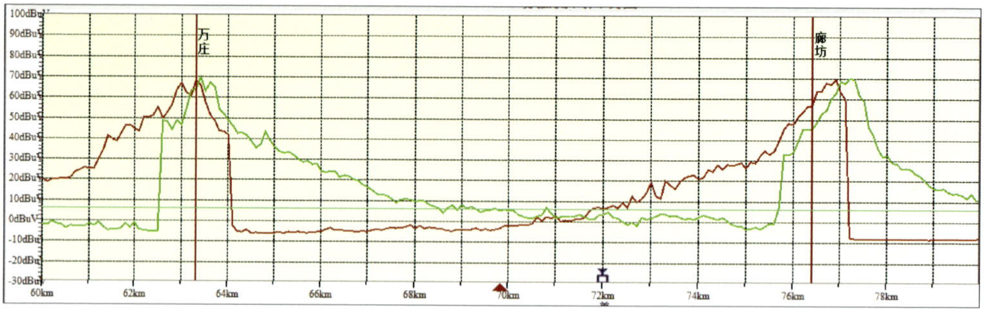

图 3-86　K70 附近场强覆盖测试

案例3：线缆被盗或脱落导致场强覆盖不合格。

2020年5月16日，采用SY999452电务检测车进行检测，发现某局集团公司管内，K1891～K1895区间场强覆盖无法满足10 dBμV标准要求，场强覆盖不合格，如图3-87所示。某局集团公司管内多个区间都存在此现象，且长期未进行整改，与维护人员沟通了解到，区间设备经常被盗，无法及时进行维护，因此只保证车站附近2 km左右覆盖满足要求。如今路局集团公司已经对线路进行G网改造，改造完成后，可有效解决区间无覆盖的问题。

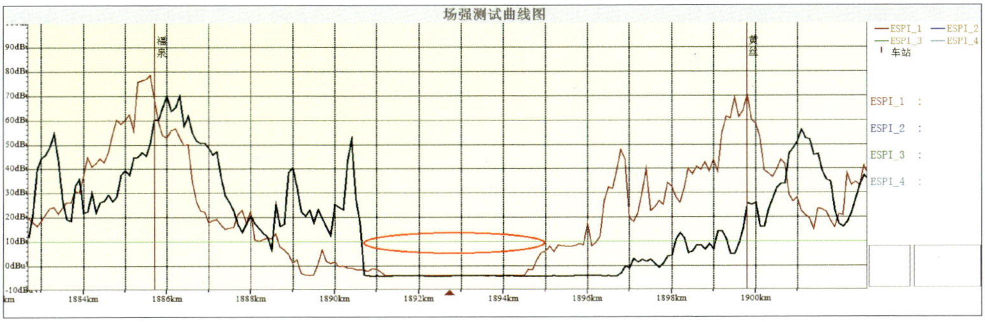

图 3-87 K1891 附近场强覆盖测试

3.6.2 场强覆盖异常

案例1：设备故障导致覆盖异常。

2021年1月11日，采用CRH2C-2150高速综合检测列车进行检测，发现某局集团公司管内，K484+957处ZQX-ZQD05/R3直放站工作异常，导致场强陡降，如图3-88所示。经维护人员排查，ZQX-ZQD05/R3直放站主用功放存在隐性故障，场强输出在−80 dBm以下。现场切换至备用功放，场强输出恢复正常，场强值在−47 dBm以上，目前该直放站使用备功放，后续更换主功放。

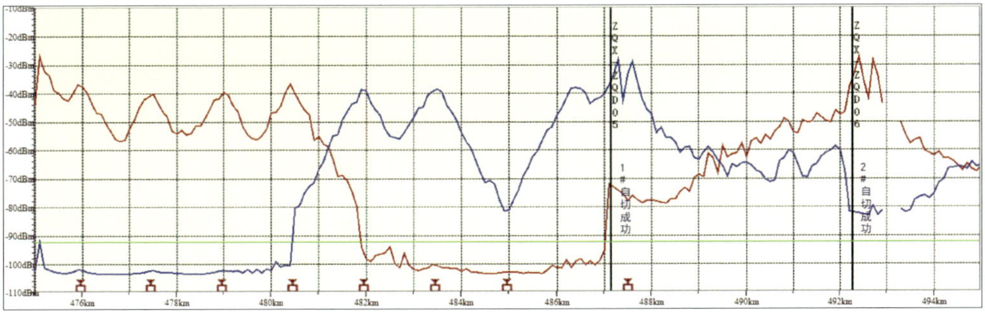

图 3-88 K484 附近场强覆盖测试

案例2：馈线接头不良或进水导致覆盖异常。

2019年6月20日，采用CRH380AJ-0201高速综合检测列车进行检测，发现某局集团公司管内，K234附近直放站工作异常，导致场强陡降，如图3-89所示。经维护人员排查，发现直放站连接天馈的SMA-N转接头不良，处理后恢复正常。直放站覆盖多为隧道内，车辆经过时造成的振动容易导致馈线接头松动，暴露于外部的馈线，如果接头未拧紧，导致进入雨水，使馈线驻波比增加，信号覆盖较弱。

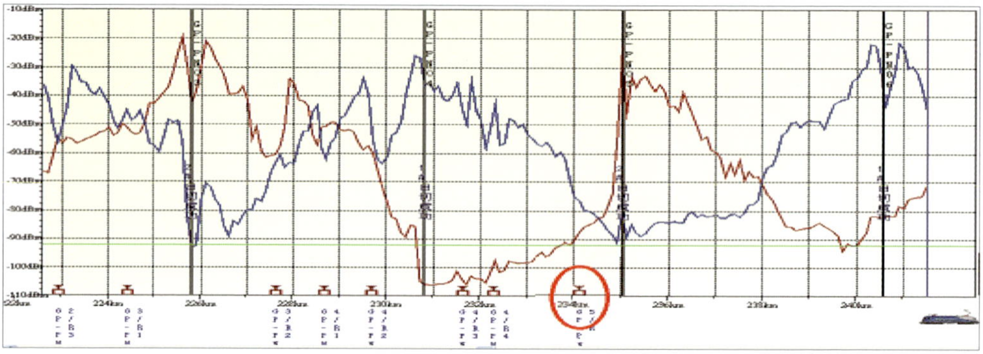

图 3-89　K234 附近场强覆盖测试

3.7　服务质量案例分析

3.7.1　越区覆盖案例分析

案例：参数设置不合理造成的越区覆盖问题。

2021年1月22日，采用CRH2C-2061高速综合检测列车进行检测，发现某局集团公司管内，K994附近切换异常，如图3-90所示。测试终端占用HND-SJH05基站，其电平于K994+420处由−58 dBm降到−68 dBm，此时邻区SJH基站电平为−65 dBm，提前达到切换门限触发切换，导致提前切换，分析为SJH基站越区覆盖所致。经维护人员排查，将HND-SJH05基站向SJH基站的HOM值由原来的66调整到67，测试恢复正常。

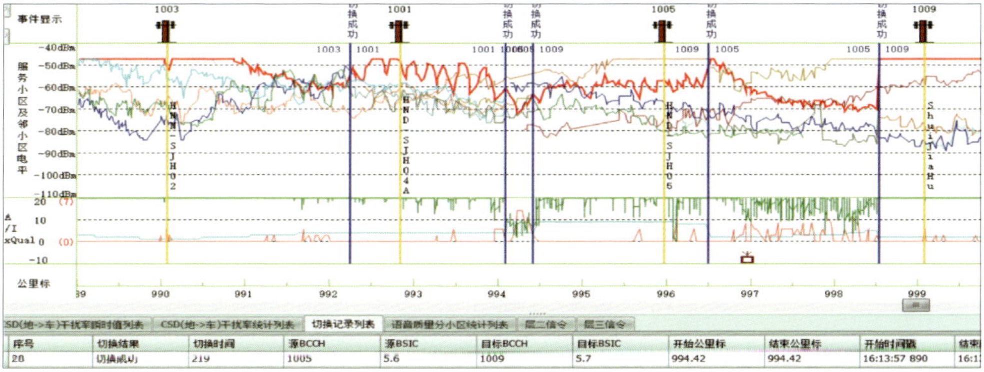

图 3-90 K994 附近服务质量测试

3.7.2 切换失败问题案例分析

案例1：内网干扰造成的切换失败。

2020年9月13日，采用CRH380AJ-0202高速综合检测列车进行检测，发现某局集团公司管内，K34+610附近切换失败，如图3-91所示。

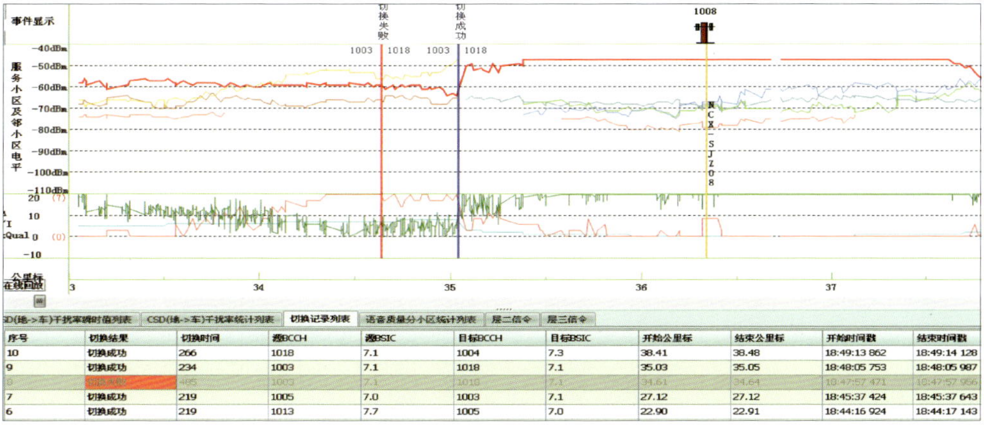

图 3-91 K34+610 附近服务质量测试

根据地理位置显示，发现车辆向前行驶，载干比和话音质量逐渐变差，从服务质量测试结果及查询附近两条线路的基站数据台账，发现交叉区段基站信号相邻，造成200 kHz邻频干扰，导致连续质差，最终切换失败如图3-92所示。

图 3-92　K34+610 附近地理位置

随着高铁线路建设开通得越来越多，交叉并线区段也越来越复杂，铁路GSM-R仅有19个可用频点，频率复用及优化越来越重要，不但要满足新线路覆盖要求，还要保证不影响原有线路网络通畅。

案例2：设备故障导致的切换失败。

2020年8月24日，采用CRH380BJ-0301高速综合检测列车进行检测，发现某局集团公司管内，K280～K287附近出现连续切换失败，如图3-93所示。

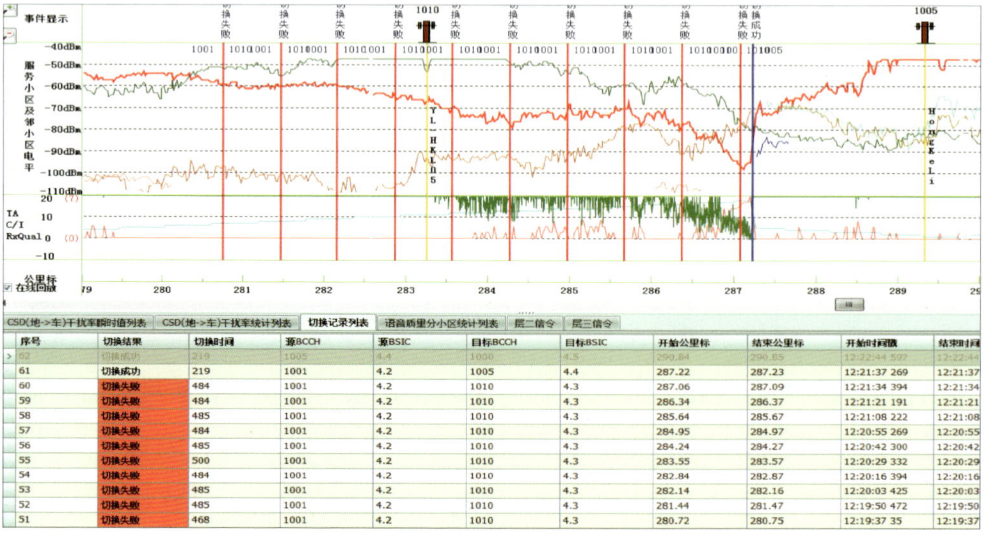

序号	切换结果	切换时间	源BCCH	源BSIC	目标BCCH	目标BSIC	开始公里标	结束公里标	开始时间戳	结束时间
62	切换成功	219	1005	4.4	1000	4.5	290.84	290.85	12:22:44 597	12:22:44
61	切换成功	219	1001	4.2	1005	4.4	287.22	287.23	12:21:37 269	12:21:37
60	切换失败	484	1001	4.2	1010	4.3	287.06	287.09	12:21:34 394	12:21:34
59	切换失败	484	1001	4.2	1010	4.3	286.34	286.37	12:21:21 191	12:21:21
58	切换失败	485	1001	4.2	1010	4.3	285.64	285.67	12:21:08 222	12:21:08
57	切换失败	484	1001	4.2	1010	4.3	284.95	284.97	12:20:55 269	12:20:55
56	切换失败	485	1001	4.2	1010	4.3	284.24	284.27	12:20:42 300	12:20:42
55	切换失败	500	1001	4.2	1010	4.3	283.55	283.57	12:20:29 332	12:20:29
54	切换失败	484	1001	4.2	1010	4.3	282.84	282.87	12:20:16 394	12:20:16
53	切换失败	485	1001	4.2	1010	4.3	282.14	282.16	12:20:03 425	12:20:03
52	切换失败	485	1001	4.2	1010	4.3	281.44	281.47	12:19:50 472	12:19:50
51	切换失败	468	1001	4.2	1010	4.3	280.72	280.75	12:19:37 35	12:19:37

图 3-93　K280～K287 附近服务质量测试

检测发现测试终端多次尝试从YL-HKL04小区切入YL-HKL05小区，均发生切换失败，服务质量测试显示区间无明显质差，排除干扰原因，分析该基站存在硬件或网络故障。经维护人员现场排查，该处YL-HKL05基站主B载频异常，更换载频板后，测试恢复正常。

高铁GSM-R网络设备通常采用全功率发射方式，长时间高强度工作在恶劣环境条件下，使设备稳定性下降，网管中心应及时关注设备告警信息，及时排除故障。

3.7.3 话音质量（载干比）问题案例分析

案例1：同频干扰造成的话音质量问题。

2020年7月24日，采用CRH380AJ-0203高速综合检测列车进行检测，发现某局集团公司管内，K116+700附近出现载干比较差，话音质量7级，如图3-94所示。

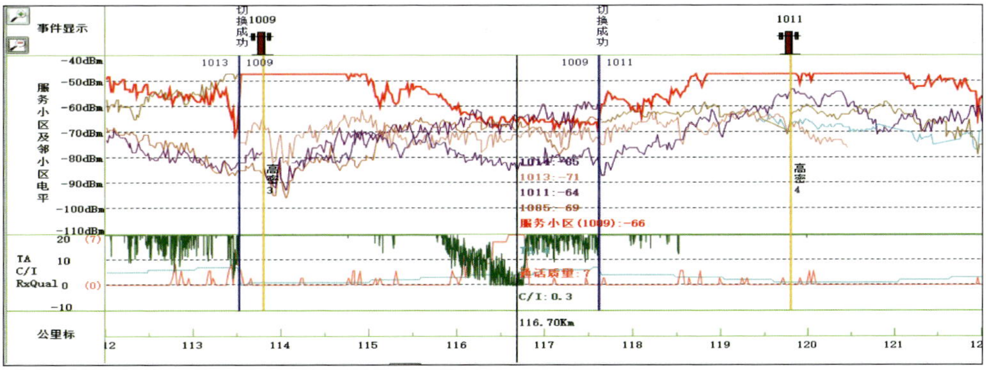

图3-94 K116+700附近服务质量测试

当前小区TCH：1009，扫频测试显示存在BCCH：1009的邻区信号，其LAC：17165，CI：9897，扫频测试结果如图3-95所示，为邻线济青高铁WFB-GMB14基站信号，位置如图3-96所示，造成同频干扰，列车运行至K116+790时，当前小区TCH切换为1017，干扰消失。问题反馈后，维护人员将高密3的TCH频点由1009修改为1007，复测后问题消除。

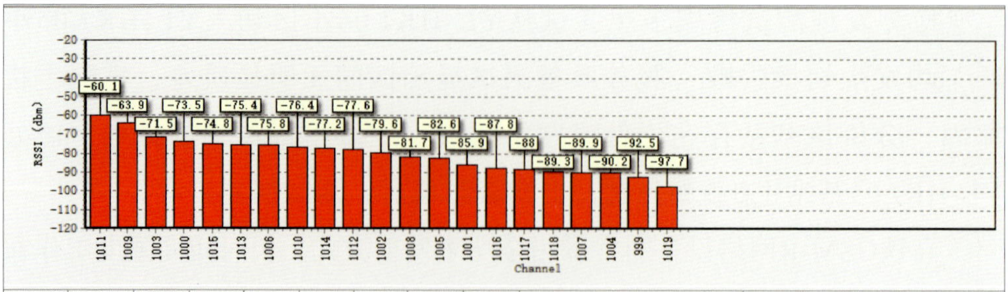

Channel	Freq	RSSI	BSIC	C/I	MCC	MNC	LAC	CI	Cell Name
1011	932.4	-60.06	47	20.00	460	20	17153	8219	
1009	932.0	-63.90	41	8.54	460	20	17165	9897	
1003	930.8	-71.49	46	10.30	460	20	17165	9895	
1000	930.2	-73.54	43	20.00	460	20	17165	9898	
1015	933.2	-74.75							
1013	932.8	-75.42	46	20.00	460	20	17153	8217	
1006	931.4	-75.78	47	7.78	460	20	17165	9900	

图 3-95　K116+700 附近扫频测试

图 3-96　K116+700 附近地理位置

案例2：邻频干扰造成的语音质差问题。

2021年3月15日，采用CRH2C-2061高速综合检测列车进行检测，发现某局集团公司管内，K711附近出现载干比较差，话音质量6级，如图3-97所示。

实时频谱测试如图3-98所示，显示当前小区频点（931.4 MHz）附近存在一个邻频信号（931.2 MHz），信号强度高于当前小区信号7 dB，造成邻频干扰。4月8日现场维护人员扫频发现异常频点，临时关闭频点后，测试质差现象消除。最终将沪蓉MaChengBei基站频点进行了调整，规避了被基站干扰的风险。

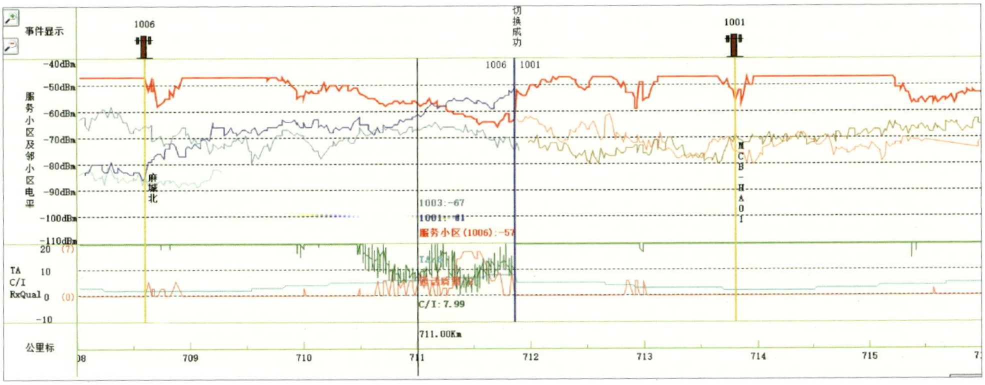

图 3-97　K711 附近服务质量测试

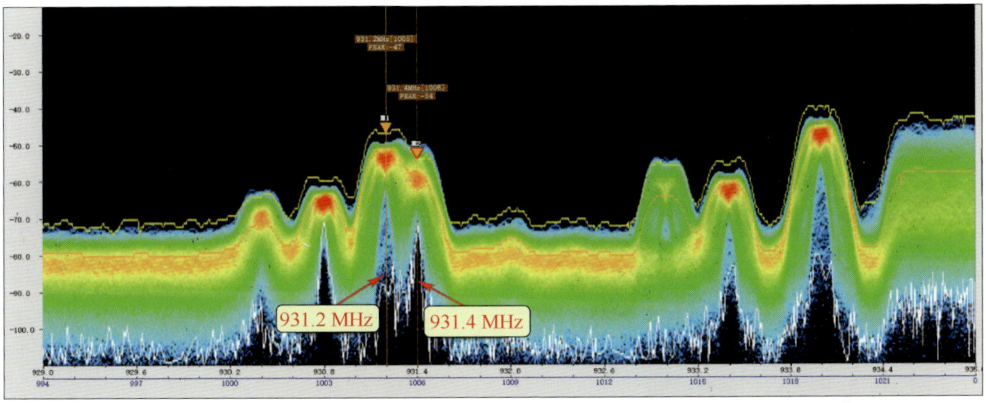

图 3-98　K711 附近服务质量测试

3.7.4　干扰问题案例分析

案例：中国移动带外大信号造成的干扰问题。

2020年7月7日，采用CRH380AJ-0202高速综合检测列车进行检测，发现某局集团公司管内，K397+340附近切换失败，如图3-99所示。

根据服务质量测试结果，车辆从K399+500至K397行驶时，载干比逐渐变差且话音质量在K398位置时已经大于4级，无法正常通信，影响小区间切换，造成切换失败。结合实施频谱测试数据分析，如图3-100所示，移动公网信号（936.8～941 MHz、944.4 MHz等）较强，电平高达-18 dBm，强信号进入移动终端后，使终端接收机放大单元工作在非线性状态，饱和溢出，同时全频段底噪抬升，淹没当前GSM-R小区信号，造成带外大信号阻塞干扰，干扰源为移动公网信号。

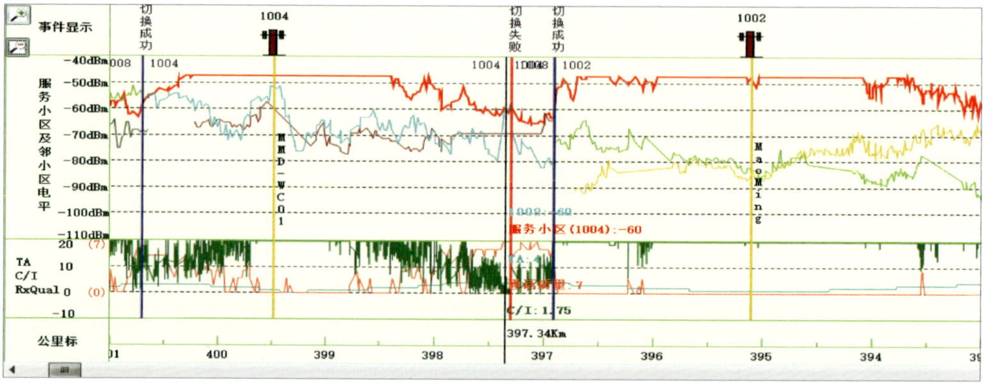

图 3-99　K397+340 附近服务质量测试

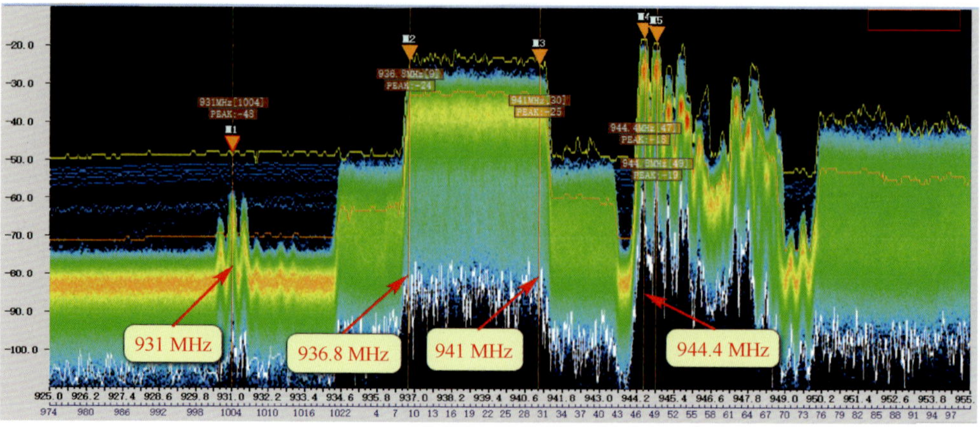

图 3-100　K397+340 附近实施频谱测试

发现干扰问题后，维护人员现场勘察确认附近建筑物楼顶存在公网基站，从地理位置上可知，公网基站距离干扰位置点较近，仅有160 m左右，如图3-101所示，易发生干扰现象。维护人员协调公网运营商进行降功率处理，复测时此处仍然出现连续7级质差并发生切换失败，使用八木天线指向该基站铁塔扫频时，信号功率高于-20 dB，移动又重新恢复功率。维护人员再次联系公网运营商关闭该基站900 MHz频段输出，干扰情况消失。为保证双方覆盖质量，公网运营商将该处基站的发射功率降低10 dB运行，复测情况良好。

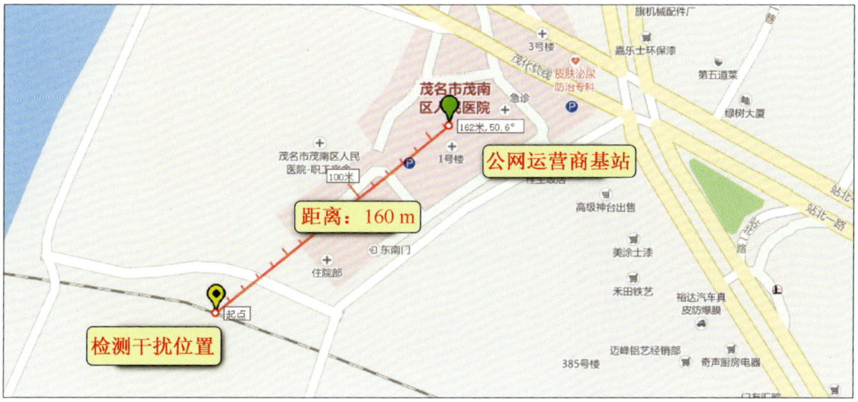

图 3-101　K397+340 附近地理位置

通过对此问题的处理，了解到维护人员对公网运营商在铁路沿线的信号覆盖及调整无法及时掌握，问题发现处理后具有复发性，因此维护人员和检测人员应每月关注服务质量测试状态，及时发现服务质量变化趋势，减少公网运营商对铁路GSM-R网络的影响。